建築設計をめぐる7つの講義

建築の
リテラシー

Literacy of architecture

遠藤政樹＋石原健也＋今村創平＋

田島則行＋多田脩二＋藤木竜也……著

彰国社

はじめに

（ 考 え る こ と 　 設 計 す る こ と ）

　本書は、建築学科で建築を学ぶ学生を対象とし、工学における建築知識を建築設計行為にリンクさせるにはどうしたらよいか、その道筋を与えることを目的としている。その内容は多岐にわたる。各章は独立しているが、ページを読み進めるに従い、設計という行為を通じて知識が成長していく姿を読み取ることができる。

　バーナード・ショーは、「間違った知識には注意せよ。それは無知よりも危険である」(Beware of false knowledge; it is more dangerous than ignorance.)といった。知識は完成されたものとして受け取られがちであるが、絶対的なものではない。常識とは、当たり前と思われていた社会的な価値観、判断力、知識のことをいうが、それはある限定された時代や社会において通ずるものである。ショーの言葉は、常識や知識を無批判に受け入れることの危険性をいったものである。

　例えば石について。ぼくら現代人は、石という素材を固く耐久性のあるものとして考える。しかし昔の人はむしろ正反対の、流動性や変異性のためのもの

として石をみていた。軟質の石を潰して色材の画材として使用し、平らな板状に剃いで楔石としていたのである。

　一般にものを、科学的に計測できる属性を持ち出して判断する。しかし、実はものというものもその時代の影響をかなり受け、当該する物質に対して投影された主観的な観念に支配されている。ものの特質を、ある一面の属性で捉えることは無理があるのだ。

　これまでの科学も、その存在を疑われはじめている。データ収集の範囲をより外に拡げ、多量のデータによって解析精度を上げると、これまでの法則に該当しない事例が散見できた。これまで法則に収束していたのは、偶然ともいえる特殊ケースであった。ぼくらは、数少ない発見を自然法則とみなし、それを出発点として、世界を思い描いてきたらしい。

　一方設計行為とは、多くの矛盾のなかにある。アイデアが結晶体のように完璧であると思われても、実際のところ、エスキスでの教師の助言や、法規や構造といった様々な外部からの力を受け砕かれることが避けられない。設計とは、外部にたいして開くことが強いられ、はじまりと結論を繰り返す終わりのない動的な行為である。

　「我々は語ることができるより多くのことを知ることができる(We can know more than we can tell.)」といったのは、『暗黙知の次元（The tacit dimension）』を著したマイケル・ポランニーである。ぼくらがなすべき技術・方策をたとえ知識として備えていても、それが働くのは実際的な知識に統合される場合のみである。この知識に代わるものはない。この言葉が意味するところである。

　設計を学ぶこととは、この実際的な知識を体得する、このことだろうと思う。

　本書のタイトルにある「リテラシー」とは、このふたつ目の実際的知識を活用する能力のことをいっている。何らかのかたちで表現されたものを理解・解釈・分析し、改めて記述・表現するという意味で使用され、後者の実行能力に重点が置かれている。工学部で学ぶ建築知識を現実に役立て、しかも試行錯誤のなかでそれを運用する。そのための実際的知識を本書で示してみたいと考えた。

　ぼくらは、客観的・論理的思考を持ち合わせながら、突然の偶然的な出会いを拒否せずに、それを楽しむ主観的な態度で進む。その上で、この実際的知識を体得しないで済む理由は見当たらない。本書を通じて、このための道筋を見出してもらいたい。

………………………**遠藤政樹**

目次………建築のリテラシー

はじめに……002

第1章……日本建築史が育む「建築知」……藤木竜也……005

第2章……西洋建築史から学ぶ
「普遍の美と知」……藤木竜也・今村創平……037

column 1 建築史は不要? 五感で学ぶ「見築」ノスゝメ……藤木竜也…050
column 2 なぜ建築史は必要なのか……今村創平……051

第3章……「ユーザー・オリエンテッド」な
空間の尺度……田島則行……065

第4章……「作法」から発見へ……遠藤政樹……097

第5章……「構造」からデザインへ……多田脩二……129

column 3 L・カーンとA・コマンダント……多田脩二……160

第6章……近代以降の「建築と都市」……今村創平……161

第7章……「総合」としての建築デザイン……石原健也……187

column 4 図面化が困難なほど複雑な「かたち」……佐藤 淳……204
column 5 環境へのアプローチ……荻原廣高……210
column 6 建築におけるユーザー参加とデザイン……鄭 弼溶……216

参考文献……221
人名索引……223
あとがきに代えて……226
著者プロフィール……227

エディトリアルデザイン＝新保韻香

第1章
日本建築史が育む「建築知」

建築設計とは、建築家の思想や理想の下に建築を

形づくる機能や材料・構法などを組み合わせて、

これを社会的な必要に応じて

美しく意味ある形にする行為である。

つまり、建築を創造することは

受け継がれてきた過去の上に成り立ち、

その深い理解が建築家には求められる。

建築史は教養にとどまらず、未来の建築をつくるための

実践的な学びなのである。

本章では広範な日本建築史の中から、

筆者の視点より「知識」「機能」「材料・構法」

「保存・再生・活用」の各テーマで

凝縮した「建築知」を語り、

建築設計を学ぶみなさんの「建築知」の知的欲求を

刺激し、かつ育むものとしたい。

······················藤木竜也

1 「機能」と「文化」で日本建築史を俯瞰する

①―復元竪穴住居
（松戸市立博物館野外展示）

②―復元高床住居
（吉野ヶ里遺跡）

③―寝殿造（国立歴史博物館 東三条殿復元模型）

★1――一般に江戸時代までを日本建築史、明治時代以降を日本近代建築史という。本章では1945（昭和20）年の太平洋戦争終戦までを対象に述べる。

★2――本節は、5千文字で日本建築史の大きな流れを理解できるようにポイントをまとめたものである。ここで挙げた以外にも日本建築史上に重要な建造物が多数あるので、より深く理解するために様々な関連書籍を手に取って学んでほしい。

　「建築のつくり方」を学ぶ建築学で、日本建築の歩みを取り扱うのが日本建築史である。現代に建築設計を学ぶ者にとって、ここで取り扱われる社寺仏閣は身近でないことから難しく聞こえることもあるだろうが、本章ではポイントを絞って日本建築のエッセンスを理解できるものにしたいと思う。

　日本建築史★1は、原始（縄文・弥生・古墳）、古代（飛鳥・奈良・平安）、中世（鎌倉・室町）、近世（安土桃山・江戸）、近代（明治・大正・昭和戦前期）のそれぞれに外国文化の到来による変化が生じており、これを本書では、住宅、神社、寺院といった「機能」（建物用途）と、そのそれぞれに影響を与えた「文化」から整理して俯瞰することにしよう★2。

(原 始（縄文・弥生・古墳）…… はじまりは住宅から)

　建築のもっとも原初的な役割は生活を守るシェルター、つまり住宅で、そのはじまりが**竪穴住居**（→①）である。掘りくぼめて固めた「竪穴」に掘立柱を立て、梁を組んで壁と屋根を一体的に草または土で覆ったもので、全国の遺跡で発掘されていることから広く庶民の住まいの形式になっていたと考えられている。また、板敷の床を掲げた**高床住居**（→②）もあり、発掘数が少ないことから高貴な身分の人間が住んだと見られている。原始時代にはすでに住宅の形式に床の高さで身分差が表われていた。

(古 代（飛鳥・奈良・平安）…… 仏教公伝の影響)

　平安時代には貴族の住宅形式として**寝殿造**（→③）が形づくられた。主人夫婦が生活する寝殿を中心に左右対称を基本として庭園を囲むようにコの字型に構成したもので、東または西を正面にして中門を構える形式である。

建物周囲に妻戸と蔀戸を備え、内部は板敷で丸柱が並ぶ間仕切壁のない開放的な空間とし、御簾や屏風など移動可能な調度品で生活空間を適宜区切って、畳は座布団のように座るところに限って敷くことが特徴で**室礼**（→④）と呼んでいる。

古代の建築に多大な影響を与えたのは、**大陸（中国）・半島（朝鮮）**を経て、6世紀半ばの仏教公伝に伴って生じた寺院である。8世紀初頭に再建された世界最古の木造建築である**法隆寺金堂**（→⑤）には、高欄の人字形の割束や卍崩しの組子（→⑥）、軒下の雲形肘木（→㊼）などに大陸伝来と考えられている建築意匠を見出せるが、一方で伽藍は金堂と塔を並置し、左右対称で塔を中心とする大陸伝来の形式から左右非対称で金堂を中心とする堂宇配置へと国風化しゆく過程が認められる。この国風化した寺院建築を**和様**と呼び、その古い事例に**唐招提寺金堂**（→⑦）が挙げられる。

日本において古来から信仰されてきた神道の建築、つまり**神社**は山や岩などに八百万の神々としての神聖性を見出し、自然崇拝による恒常的な建築を持たぬものであったといい、奈良時代に律令国家を構築する上で天皇の権勢を示すために神社本殿が形づくられるように

④──寝殿造の室礼
京都御所清涼殿は江戸時代末期に寝殿造を再現しており、室礼の様子を理解できる。なお、室礼は鋪設または補理とも書く。

⑥──人字形の割束と卍崩しの組子

⑦──唐招提寺金堂（8世紀後半）

⑤──法隆寺金堂（7世紀後半）

⑧―神明造（仁科神明宮本殿）

⑨―大社造（神魂神社本殿）

⑩―住吉造（住吉大社本殿）

⑪―流造（宇治神社本殿）

⑫―春日造（村檜神社本殿）

⑬―八幡造（伊佐爾波神社本殿）

なったと考えられている。その原初的な**本殿**の形式には**神明造**（→⑧）、**大社造**（→⑨）、**住吉造**（→⑩）があり、それぞれ伊勢神宮、出雲大社、住吉大社が知られるが、神社本殿もまた寺院建築に影響を受けて賀茂別雷神社（上賀茂神社）と賀茂御祖神社（下鴨神社）に代表され、全国にもっとも多い**流造**（→⑪）、春日大社に象徴される**春日造**（→⑫）、宇佐神宮に知られる**八幡造**（→⑬）といった共通して優美な曲線になる屋根に向拝を持つ本殿形式が現われた。また、神社境内の拡充も行われ、とりわけ参詣のための**拝殿**が本殿正面に備えられるようになったことも寺院の伽藍に影響を受けたもので、現在に見られる神社境内は平安時代に形づくられたと言われる。

中世（鎌倉・室町）……大仏様・禅宗様の導入

　日本建築史における中世は興福寺と東大寺の再興にはじまる。特に東大寺では**貫**・**挿肘木**（→㊻）といった柱に挿し込む部材により頑丈で力強い架構形式を実現した**大仏様**が採られた。これは他の寺院様式にその特長が受

け継がれたため、純粋な形式を伝えるのは東大寺南大門（→⑭）と浄土寺浄土堂のみである。

　これにわずかに遅れて現れたのが、功山寺仏殿（→⑮）や円覚寺舎利殿に知られる放射状に広がる扇垂木や軒先を軽やかに迫り上げた屋根が流麗で優美なたたずまいを持つ**禅宗様**で、大仏様と共に**大陸（中国）**の建築様式に影響を受けて生じたものである。これらはその特長が和様を基に取り入れられて鶴林寺本堂（→⑯）に知られる**折衷様**となって統合化され、寺院さらに神社に及んで普遍的な意匠となった。

　特に禅宗は武家に広く信仰されたことで、禅寺で僧侶が住んだ方丈に影響を受けて、その書院に用いられた床・棚・付書院と寝殿造で寝室となっていた塗籠の出入口が装飾となって受け継がれた帳台構を加えた座敷飾（→⑰）が武家の住まいに取り入れられた。また、会所という畳を敷き詰めた接客用の殿舎を独立して備えるようになり、寝殿造から変容する過渡期の武家の住まいを**主殿造**とも呼ぶ。慈照寺東求堂（→⑱）は、天井を張り、角柱を用いて襖と明障子の建具を入れ、さらに畳を敷き詰めて棚・付書院を構えており（→⑲）、「和室の原型」と言え

⑮—功山寺仏殿（1320年）

⑯—鶴林寺本堂（1397年）

⑭—東大寺南大門（1199年）

⑰—座敷飾　左から帳台構、棚、床、付書院（高知城上段ノ間）

⑱—慈照寺東求堂（1486年）

⑲―慈照寺東求堂同仁斎

⑳―二条城二の丸御殿（1603年）

㉑―二条城二の丸御殿大広間

㉒―姫路城（1601年）

る中世住宅建築の貴重な遺構である。

(近世 (安土桃山・江戸)……南蛮文化の影響)

　近世期に武家の住まいは**書院造**（しょいんづくり）として完成された形式に至る。対面・接客を掌る書院が上段・中段・下段へと拡大し、かつ複数の殿舎へと拡幅し、さらに定型化した座敷飾でこれを格式付けて、全体を明確に接客空間の「表」と居住空間の「奥向」（おくむき）とで邸内を二領域化するという特質を持った。さらに禅寺の**方丈**（ほうじょう）に由来を持つ玄関が備えられるようになったのもこの頃からである。また、二条城二の丸御殿（→⑳, ㉑）の内部は障壁画など絢爛豪華な装飾が鮮やかだが、安土桃山時代の**キリスト教伝来**を機にもたらされた**南蛮文化**（なんばんぶんか）による影響を受けて生じた特徴を示している。

　大名屋敷に多く採られた書院造は、城郭の中に天守閣に近接して設えられることも多かったが、姫路城（→㉒）に知られるような**城郭**が形づくられたのも安土桃山時代である。城郭は戦闘時の防御拠点であり、当初は山腹に建てた**山城**（やまじろ）が主流であったが、各地に広大な領地を持ち、多くの家臣団を抱える大名が台頭してくると、平野

㉓—待庵（1582年）

㉔—三渓園臨春閣（1649年）

㉕—三渓園臨春閣住之江の間

㉖—日光東照宮社殿（1636年）

㉗—日光東照宮陽明門（1636年）

部の丘陵に天守を築いた**平山城**が現れた。これは江戸時代になって各藩の政庁となり、経済を担う城下町のシンボルになった。

安土桃山時代に形づくられた建築文化の一つに**茶室**が挙げられる。茶が**大陸（中国）**から持ち込まれたのは平安時代に遡るが、室町時代になって武家に茶の湯が広まった中で茶室が生じ、千利休によって完成された。これは室内に炉を切り、亭主が客の眼前で点前を行う茶事に専心するための狭小化した空間に農家の住まいを美の表現として取り入れており、その理念は待庵（→㉓）によく表れている。

茶室は**数寄屋**とも呼ばれ、その意匠が書院造に取り入れられて桂離宮や三渓園臨春閣（→㉔, ㉕）に知られる**数寄屋風書院**が形づくられた。これは竹や杉など多彩な材を面皮材や丸太材の多様な形で用い、長押を省略して座敷飾も自由に構成したもので、襖引手や欄間・釘隠の軽妙洒脱な造作に見られる質素でありながら洗練された意匠を特徴とする。後にこれが民家にも広く浸透し、和室の意匠として現在に息づいている。

神社でも**霊廟建築**と呼ぶ特異な建築が生じた。これは幕府の礎を築いた将軍や各藩の初代藩主を神格化して祀った**権現造**の社殿と宝塔形の墓を持ち、日光東照宮（→㉖, ㉗）に代表される。社殿を精緻で鮮やかな極彩色による絵様と彫刻で全面的に埋め尽くし、とりわけ彫刻は龍、麒麟、唐獅子、象といった中国の幻獣・霊獣をモティーフにしており、これも書院造と同様に**南蛮文化**により形づくられた安土桃山文化の影響を受けたものであ

㉘——権現造（妙義神社社殿）

㉙——近代の神社社殿改
（名和神社社殿、1883年）

㉚——神田明神（1934年）

㉜——和洋館並列型住宅
（旧岩崎家茅町本邸、1896年）

る。これらの絵様・彫刻は神社や寺院の意匠にも用いられ、特に本殿と拝殿を**幣殿**で一体的に複合させた**権現造**（→㉘）は近世期以降の神社社殿に広く採られた。

（ 近代（明治・大正・昭和戦前期）……**欧 米 の 建 築 文 化 の 直 写 ）**

　明治維新後に政府が早々に着手したのが、天皇集権国家の礎を築くために**神仏判然令**（神仏分離令）を布告して神道の国教化を進めることであった。皇室の氏神を祀る伊勢神宮が頂点に据えられ、「制限図」を作成して、装飾性を除いた神社建築の設計規格が定められたことから簡素な社殿が広まり、寺院もまた装飾を廃する風潮が生じた（→㉙）。さらに昭和戦前期には、神田明神（→㉚）のように鉄筋コンクリート造になる社寺も造られた。

　文明開化で知られる**アメリカ**や**ヨーロッパ**の文化の到来は、横浜や神戸など7か所に開かれた外国人居留地が窓口になり、ここに建てられた商館（→㉛）が日本に出現した洋館の嚆矢となった。これはヨーロッパ諸国が東南アジアの植民地に建てたベランダを巡らした**コロアニル様式**によるもので、こうして生じた洋館は、皇族や華族の邸宅、政府高官官舎など上流階級の邸宅に洋館と和館を渡廊下などで並置する**和洋館並列型住宅**（→㉜）として

㉛——コロニアル様式の商館（神戸十五番館）

㉞──三菱一号館美術館　日本初の近代オフィスビルとなる三菱一号館は、1968（昭和43）年に解体されたが、2009（平成21）年に美術館として再建されている。

㉝──擬洋風建築
（旧済生館本館、1878年）

★3──ジョサイア・コンドル
（Josiah Conder、1852-1920）
イギリス・ロンドン出身の建築家で、明治時代初期に日本人建築家を育成し、また自らも多くの建築を手がけて、明治時代以降の日本建築界の基礎を築いた「近代日本建築界の父」。代表作品に
岩崎家茅町本邸（1896年）、古河虎之助邸（1917年）。

㉟──日本銀行本店（1896年）

㊱──明治生命館（1934年）

形づくられ、昭和戦前期まで受け入れられた。

　また、明治政府は殖産興業を推進して近代国家の形成を急速に展開し、庁舎、病院、銀行、学校といった多彩なビルディングタイプが生じ、これを日本人大工棟梁が居留地の商館を模範に**擬洋風建築**（→㉝）として各地に建てた。

　1877（明治10）年に日本で初めての建築学の教育機関となる**工部大学校造家学科**（東京大学工学部建築学科の前身）が設置された。教師として招かれたのがイギリス人建築家の**ジョサイア・コンドル**★3である。明治政府は欧米の先進技術を導入するために御雇外国人と呼ぶ外国人技術者を招いており、コンドルも日本人建築家の育成に務める傍らで鹿鳴館や三菱一号館（→㉞）などを設計してその模範となった。

　明治20年代になって工部大学校で学んだ日本人建築家がルネサンスやバロックなどの**歴史主義建築**に倣い、それを直写して本格的な洋式の建築を建てるようになった。辰野金吾★4設計の日本銀行本店（→㉟）や岡田信一郎★5設計の明治生命館（→㊱）など、これは昭和戦前期まで脈々と受け継がれていったのである。

［第1章］……日本建築史が育む「建築知」

013

★4─辰野金吾
(たつの・きんご、1854-1919)
日本人初の建築家の一人。
コンドルの後を受けて
工部大学校教授に就任し、
明治時代の日本建築界を牽引した。
代表作品に日本銀行本店(1896年)、
中央停車場(東京駅、1914年)。

★5─岡田信一郎
(おかだ・しんいちろう、
1883-1932)
和洋を問わず多彩なデザインの
建築を多数設計し、「様式建築の鬼才」
と評された大正・昭和戦前期を
代表する建築家の一人。
代表作品に大阪市中央公会堂
(1917年)、明治生命館(1934年)。

★6─本野精吾
(もとの・せいご、1882-1944)
京都高等工芸学校
(現・京都工芸繊維大学)の
教授として大正・昭和戦前期に
関西で活躍した建築家で、
日本におけるモダニズム建築の
先駆者の一人。代表作品に
旧西陣織物会館(1914年)、
本野精吾自邸(1924年)。

★7─岩元禄
(いわもと・ろく、1893-1922)
逓信省営繕課に属し、大正期に
活躍した建築家。
鉄筋コンクリート造の可塑性を
造形的に表現し、日本における
ドイツ表現主義の先駆者であったが、
病気のため早世した。代表作品に
旧京都中央電話局西陣分局
(1921年)。

★8─ヴァルター・グロピウス
(Walter Gropius、1883-1969)
ドイツ生まれ。モダニズム建築の
基礎理念を築いた20世紀を
代表する建築家の一人で、
バウハウスを創立し、初代校長を
務めた。後にアメリカに渡り、
ハーバード大学教授として活躍した。
代表作品にファグス靴型工場
(1925年)、デッサウの
バウハウス校舎(1926年)、
パンナムビル(1958年)。

㊲─旧西陣織物会館
(京都市考古資料館、1914年)

㊳─旧京都中央電話局西陣分局舎
(NTT西日本西陣別館、1921年)

㊴─モダニズム建築
(木村産業研究所、1932年)

㊵─帝冠様式(愛知県庁舎、1938年)

　明治時代後期から大正時代にかけて、欧米では歴史主義建築から脱却して**セセッション**や**表現主義**といった新たな建築表現が生じ、日本国内で先駆的に採り入れたものに**本野精吾**★6設計の旧西陣織物会館(→㊲)や**岩元禄**★7設計の旧京都中央電話局西陣分局舎(→㊳)が知られる。
　昭和初頭には合理性・機能性に基づく、装飾を廃した箱型の造形を持つ建築に世界が統一されると主張したヴォルター・グロピウスの理念をフィリップ・ジョンソン★9とヘンリー・ラッセル・ヒッチコックが広く**モダニズム建築**と呼ぶ**インターナショナル・スタイル**(国際様式)として提唱した。国内では前川國男★10設計の木村産業研究所(→㊴)に萌芽を認められるが、満州事変から先の日中戦争、太平洋戦争に至る中でナショナリズムが台頭し、愛知県庁舎(→㊵)に代表される**帝冠様式**が生じたことで一時下火となったが、終戦後の復興の中でモダニズム建築が席巻し、現在の建築文化が形づくられていくのである。

2 日本の住宅建築の領域性

（接客・居住の空間領域）

本節では日本の伝統的な住宅における領域性を取り上げるが、これは**接客系領域**と**居住系領域**の大きく2つから成り立ってきた★11。現代に日本人が住まう戸建て住宅を遡ると江戸時代の中・下級武家住宅に祖型が求められるが、敷地規模が限られるこれらでは、居室群で接客系と居住系の領域に二分した。この特質は明治時代以降の官舎をはじめとした戸建て住宅に引き継がれるが、これは、座敷飾を構えた客座敷を玄関と便所とでつなぐ客動線上にあたる居室群を接客系領域、残る部分を居住系領域と捉えることで理解できる（→㊶）。

明治30年代からは在来住宅のプライバシーや衛生面の問題に批判が生じ、台所や浴室、便所などを中廊下で隔てた**中廊下型住宅**（→㊷）が普及した★12。また、大正・昭和戦前期には和式の住宅の玄関脇に小規模な洋館を併設したものが「文化住宅」（→㊸）とも呼ばれて流行した。いずれも少なく

㊷—中廊下型住宅平面構成

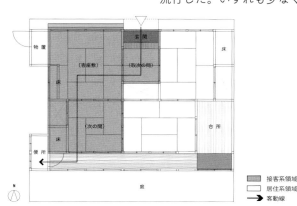

㊶—接客系・居住系の領域空間

★9—フィリップ・ジョンソン
（Philip Johnson、1906-2005）
20世紀建築界を牽引したアメリカを代表する建築家の一人。代表作品に自邸・ガラスの家（1949年）、AT&Tビル（1984年）。

★10—前川國男
（まえかわ・くにお、1905-1986）
東京大学を卒業後、ル・コルビュジエとA.レーモンドに学ぶ。モダニズム建築を牽引した20世紀日本を代表する建築家の一人。代表作品に神奈川県立図書館・音楽堂（1954年）、東京文化会館（1961年）、埼玉県立歴史と民族の博物館（1971年）。

★11—平井聖『日本住宅の歴史』（NHKブックス、1974年）に詳しいので参照してほしい。

★12—2階建ても明治時代に普及した。はじめは客座敷が配されて接客系領域であったが、大正時代に生じた生活改善運動の中で、家族本位の提唱と共に寝室など居住系領域となった。

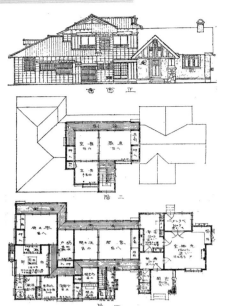

㊸——「文化住宅」平面構成

㊹——居間中心型住宅平面構成

★13——明治・大正・昭和戦前期の住宅の歴史については、内田青蔵、大川三雄、藤谷陽悦『図説近代日本住宅史』鹿島出版会、2008年に詳しいので、参照してほしい。

ない面積を接客系領域が占めており、昭和戦前期までの戸建て住宅が接客重視であったことがわかる。

大正・昭和戦前期は生活改善運動が展開され、家族本位・実用の観点から南面採光を重視した**居間中心型住宅**（→㊹）が考案された★13。これは当時広く普及するまでには及ばなかったが、南向きを重んじて居間を中心とし、中廊下によって隔てた台所・浴室・便所の水回りを北に置き、2階に個室を配する建築計画学に基づいて形づくられた戦後の一般的な戸建て住宅の理念が昭和戦前期にはすでに考え出されていた。そして、接客系・居住系の領域性が現在も住宅設計の基本として考えるパブリックとプライベートというゾーニングの理念となって今に結びついているのである。

(座 敷 の 発 生 …… 接 客 空 間 の 独 立)

日本の住宅において接客系領域と居住系領域が成立したのは、接客空間に相応しい設えが生じたことにあるといってよい。その1つが**畳**の敷き詰めである。

畳は古く平安時代には今に近い形であったというが、平安貴族の住んだ寝殿造では床材でなく、着座するところに適宜持ち運ぶ座布団のように用いており、「たたみ」と呼ぶのも未使用時に重ねて置いたことに語源があるという。

中世の武家の住まいに生じた会所（かいしょ）には畳が敷き詰められた。つまり、畳を敷き詰めることが接客空間の特別な設えだったのである。これは江戸時代に至って接客・居住の別に限らず、室内の大部分を畳敷きとすることが広

㊺—様々な床形式　左から本床、蹴込床、踏込床、釣床

く普及し、畳が床材となって次第に特別な設えではなくなったが、今でも和室のことを**座敷**と呼ぶのは、その名残である。

　現代に新築される住宅は多くがフローリングで、和室でも壁紙を一面に張って、柱・鴨居・回り縁の見えない床だけが畳ということも多い。畳は接客空間を超えて、広く日本人の生活に密着していたからこそ、和室を象徴する最大のアイコンとなって現在に至っているのである。

(座 敷 飾・長 押……和 室 の 格 式 表 現)

　普遍化した畳に対して、接客空間を象徴づける格式表現として引き継がれてきたものに**座敷飾**と**長押**がある。

　陶磁器や掛軸などの調度品を飾る座敷飾(→⑰)は、客座敷を示す象徴的な設えである。その主役が**床**だが、これには畳床とした**本床**、床框を床板より引き込めた**蹴込床**、床板を畳面と揃えた**踏込床**、床柱の下部を欠いて落掛より上部で構成した**釣床**などの種類がある(→㊺)。中でも床柱は重要で、書院造では檜の四方柾が尊ばれ、数寄屋風書院では面皮材や茶室に因んだ杉・竹・桜といった多彩な樹種が用いられた。さらに明治時代後期から大正・昭和戦前期にかけての流通の発展を背景に紫檀・黒檀・鉄刀木といった唐木をはじめとする銘木が流行し、木造建築がもっとも華やいだ一時代を築いている。

㊻—様々な棚形式
上から違棚、清楼棚、袋棚

［第1章］……日本建築史が育む「建築知」

㊼─付書院

㊽─長押（旧室崎家住宅）

㊾─差鴨居（旧高野家住宅）

㊿─縁側（旧内山家住宅）

★14─夜間や風雨が激しい時には縁側の雨戸を閉じて外周を塞ぐ。

　続いて棚は基本を**違棚**とするが、**清楼棚**や**袋棚**などバリエーションが豊富で（→㊻）、江戸時代には48種の棚を紹介する雛形本もまとめられている。本格的な座敷でないと備えられることも少ない**付書院**（→㊼）は、出窓状に張り出して地袋を置き、書院障子を備えるのが一般的だが、火頭窓としたり、障子に組子を用いて装飾的にするなどのバリエーションがある。

　座敷飾は様々な形状を持つ床・棚・付書院を組み合わせて設えるが、目上の者や年長者が着座する席を上座といい、座敷飾がある座敷では床の前と決められている。座敷飾は日本の接客空間の象徴なのである。

　接客空間を象徴する部材には、建具溝の彫られた鴨居に被せて取り付ける**長押**（→㊽）もある。これは柱同士をつなぐ横架材として古代には存在しており、中世になって貫が普及したことで元の役割を失って装飾に転じている。

　日本の伝統的な住宅では、室の格式は長押の有無で読み取ることが可能で、接客系領域の客座敷や次の間、居住系領域でも主人の居間など邸内の重要な室に用いられ、これに次いで鴨居のみ、さらに**差鴨居**（→㊾）と続く。差鴨居は構造材を兼ねる成（垂直方向の部材厚さ）の大きい無骨な佇まいを持つ部材である。

縁側……住宅と庭園を緩やかにつなぐ

　日本の伝統的な住宅は階層の別を問わず、居室と庭園の間に**縁側**（→㊿）を巡らしている。明治に至るまで室同士を隔てる廊下を持たず、これを襖などの建具で緩やかにつないできた日本の住宅で動線上の重要な役割を担ってきたのであるが、縁側により居室をセットバックして設けることで、軒の出との関係から太陽高度の高い夏の日差しは室内に入れず、逆に冬の暖かい日差しだけを取り込み、また、雨が室内に入り込むのを防ぐ機能も有していた★14。

緑側が形づくられたのは、江戸時代になってからとみられる。それ以前よりあった濡縁は今も寺院などに見られ、縁が庭園に向かって張り出す造りで舞台のような印象を抱かせるが(→(51))、これは中世の庭園が建物から眺めた時に美しい庭景を見るためにあったことによる。庭園内を飛石や苑路を伝って歩きながらシークエンスの変化を愛でるものを**回遊式池泉庭園**(→(52))といい、安土桃山時代に千利休が茶室のアプローチを庭園化することで生み出した**露地**の手法を取り入れて江戸時代に発展しており、庭園への出入りを容易とし、住宅と内外を緩やかにつなぐ縁側が形づくられたのと不可分の関係にあったことを理解できる。

大正・昭和戦前期には、縁側に**ガラス戸**が用いられるようになり、採光や庭園の眺望はそのままに風雨を遮ることができるようになって機能性が向上した。さらに日光浴の健康効果が知られるようになると**サンルーム**(→(53))が設けられるまでに発展していくのである。

和室が設けられることも減ってきた現代の住宅では、総体的に縁側を備えることもなくなってきているが、リビングに大きな窓やウッドデッキを配して住宅の内外を緩やかにつなぐ設計は今も息づいている。縁側の精神性は現在も日本の住宅にとってまだまだ健在なのである。

(51)—中世の池泉庭園(萬福寺庭園)

(52)—回遊式池泉庭園(岡山後楽園)

(53)—サンルーム(旧安田楠雄邸)

3 日本建築の組成

本節では、日本の伝統的な建築を構法と材料の視点から読み解く。設計課題の成果物は図面と模型が一般的だが、これは得てして図面のために図面を書く、模型のために模型をつくることに陥りがちである。本来は建築を設計した先には、その建築をつくり上げるためにどのような材料を用い、どのような構法によって建てようとするかの思考のプロセスがあり、そのことがデザインに少

なくない影響を及ぼし、時にそれが建築の魅力となって表れる。建築設計を学ぶ者にとって、ここで述べることが構法や材料を視野に入れた設計を考えるきっかけになることを期待したい。

【 柱・梁架構の展開……間面記法と貫 】

日本では、柱と梁で組み上げてつくる架構式構造とすることを古来より継承してきた。もちろんまったくの不変ではなく、時代の移り変わりと共に種々の技術的な発展もあったのだが、まずは柱と梁の組み立て方の視点より系譜を見ることからはじめたい。

古代の建方（→㊴）はおよそ次の通りで、版築で築いた基壇の上に礎石を置いて柱を立て、漆喰壁を入れて地覆と頭貫で柱同士をつなぐと共に長押や窓台を備えて柱上に斗を置き、その上に梁を渡して、それに重ねて肘木と叉首を載せる。さらに桁、母屋、棟木を渡して、その上に並べた垂木に野地板を張り、瓦や檜皮などの屋根材を葺くというのが大まかな組み立て方であった。少々難解だったと思うが、要するに順次部材を積み重ねていくことでつくられていた★15。

古代には**間面記法**という規模の表記方法があり、当時

★15──西和夫『図解 古建築入門 日本建築はどう造られているか』（彰国社、1990年）に詳しい。

㊴──古代の建方
①基壇 ②礎石 ③地覆 ④頭貫 ⑤腰長押 ⑥窓台 ⑦斗 ⑧肘木 ⑨桁 ⑩垂木

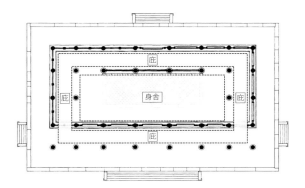

㊺——間面記法の身舎と庇
（唐招提寺金堂）

の技術水準の一端を理解できる。これは中央の高くなった身舎の桁行の柱間数と四周にのびた庇の数で表記したもので、唐招提寺金堂（→⑦, ㊺）ではこれを5間4面と数える。つまり、身舎の梁間が2間で共通していたことから表記上省略しており、広いスパンを取ることができなかった当時の技術水準が表れている。

これを改善させたのが、中世の大仏様により生じた貫や挿肘木といった差物（→㊻）である。柱の途中にほぞ穴を開けて、挿肘木で支える貫で四方に緊結することで強固となり、さらに連結して建築を拡大することが可能になった。そして従前に水平方向に柱をつなぐために用いられてきた長押は、格式を表わす意匠材へと転化して間面記法も中世には使われなくなった。

㊻——貫・挿肘木（東大寺南大門）

(屋根・軒先に見る技術の粋……組物・桔木・和小屋)

建築は土地の持つ気候・風土に自然な形で成り立ってきた。日本は多雨の気候で木造ゆえに火に弱く、そして地震が多い。それらに適応しようとすることで建築技術が発展し、時代と共にその姿形を変えてきたのである。

まずは多雨の気候への適応だが、これは屋根と軒先の技術的な発展に集約される。古式の形は法隆寺金堂（→⑤）に見られ、軒下を雲形肘木（→㊼）で支持するが、奈良時代に生じた国風化に乗じて軒先を深くする動きが

㊾―雲形肘木（法隆寺金堂）
龍の彫刻が施された支柱は
江戸時代の後補である。

㊿―地垂木、飛檐垂木、組物
（唐招提寺金堂）

⑳―野屋根・桔木（大山寺阿弥陀堂）
①飛檐垂木 ②野地板 ③桔木 ④束
⑤野垂木

生じ、**地垂木**に**飛檐垂木**を重ねた垂木の二軒化と伸ばした軒先を支える**組物**が加わる（→㊿）。

組物には様々な形状が生じるが、中でも肘木と斗を組み合わせた**平三斗**、これを肘木で迫り出した**出組**、同様に二段に分けてのばした**二手先**、さらに尾垂木の上に斗を載せてのばした**三手先**と段階的なバリエーションがあることに注目できる（→㊾）。

平安時代には地垂木の上に束を立て、**野垂木**を載せて屋根裏空間を生み出すことで、上部の屋根勾配だけを高めて水はけに優れた軒先が形づくられた。これを**野屋根**と呼び、このことで室の上部が天井で塞がれ、そして外観における屋根のボリュームが大きくなった。

野屋根が生じ、軒先を二層化して荷重が増したことに対して、地垂木と野垂木の間に**桔木**（→⑳, ㉑）を備えることで柱上部を支点として屋根からかかる垂直荷重で軒先をテコの原理で持ち上げる構造上合理的な軒先架構を完成させた。

また、野屋根により屋根勾配が大きくなると、その内部を支える架構が必要となる。中世では柱で直接支持する形式としていたが、近世に至って柱上に丸太材による**小屋梁**を幾重に重ね、この上に**小屋束**と**小屋貫**で複雑な

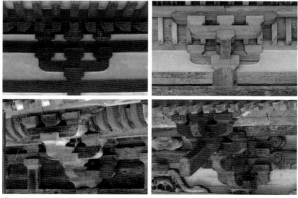

㊾―様々な組物　左上から平三斗、出組、二手先、三手先

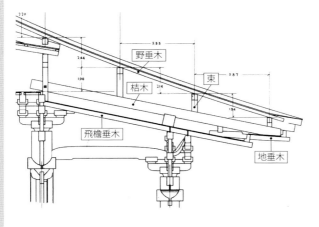

小屋組を形成するようになる。これは小屋組だけで構造を完結させ、それを下部の軸部に載せて全体を支持するという形式で、**和小屋**（→⑫）という。

⑫―和小屋（旧国森家住宅）

　日本の建築は、下から部材を積み重ねてつくることを先述したが、和小屋も梁で受ける形式は引き継いでおり、長大なスパンを渡すために重厚な野太い丸太材を用いる。通常、小屋組は天井で覆われて目にすることは難しいが、特に伝統的な民家の土間にこれをうかがうことが可能で、煤で燻された豪壮な梁組が見所である。

(耐 火 建 築 の 追 求 …… 真 壁 と 大 壁、 本 瓦 と 桟 瓦)

　日本の建築は木造であるがために火事と向き合ってきた歴史を持つ。「火事と喧嘩は江戸の華」とも言われるほどにこれを徹底的に守る術はなかったが、唯一の耐火建築として**土蔵**（→⑬）が建てられていた。土蔵も柱・梁で組み立てる建方は同じだが、異なるのは柱間を板羽目とし、柱や軒先まで漆喰★16で分厚く塗り込めて、屋根を瓦葺として耐火性能を高めたものである。このように柱を覆って見えなくする壁の造りを**大壁**という。

　防火上で重要なのは屋根であった。飛んできた火の粉で延焼するためである。その耐火材料が瓦だが、これは

⑬―土蔵（大橋家住宅）

★16─漆喰は泥と
藁苆（わらすさ）を混ぜて
発酵させることで接着性を
高めた塗材で、左官職人が
鏝で塗って施工する。茶碗や皿と
同じ原理であり、高温で
焼きつけられることによって
表面が陶器質になって炎から
内部を守るというものである。

⑥⑦─見世蔵（大沢家住宅）

⑥④─本瓦（旧杉山家住宅）

⑥⑤─桟瓦（旧広瀬家住宅）

⑥⑥─塗家（旧矢掛本陣石井家住宅）

寺院が建てられるようになると共に持ち込まれているので歴史は古いが、土蔵を除く一般の建築には長く用いられなかった。古式の瓦は**本瓦**（→⑥④）といって平瓦の継目に丸瓦を被せるもので、要するに重くかつ高価なため寺院や城郭のような重厚な柱・梁で頑丈に造られたものでないと用いようがなかったのである。

現在、一般的に知られる瓦を**桟瓦**（→⑥⑤）といい、波状に湾曲した瓦同士を重ねて葺くことで軽量化を図ったもので、江戸時代中期に開発されて幕府がこれを奨励したことで普及した。瓦葺の屋根も日本建築のアイコンとして見られることが多いが、甍の家並は江戸時代より後に広がった風景なのである。

江戸時代には町家でも耐火建築が試みられるようになった。**塗家**（→⑥⑥）と**見世蔵**（→⑥⑦）である。いずれも漆喰で外部を塗り込める点は共通するが、塗家は真壁の造りがわかる程度に薄く塗ったおおむね西日本で見られるもので、逆に東日本で見られる見世蔵は全体を漆喰で分厚く塗り込めたものである。これは**土蔵造**と呼んで、幕末から明治時代にかけて主に東日本の町々に広がり、今も川越や喜多方など各所に「蔵のまち」として名残をとどめている。

明治時代に**レンガ造**（→⑥⑧）が積極的に用いられたのも

耐火性向上を目指したもので、庁舎・工場・銀行・倉庫など様々に新しい建築に採られた。しかし、石造と同じ組積造であるレンガ造にとって地震の多い日本の風土は大敵であった。これは後に耐火性・耐震性を兼ね備えた**鉄筋コンクリート造**へと推移していく。

　レンガ造、鉄筋コンクリート造が現われるようになった中で、それらが伝統的な木造建築に代わって刷新したわけではなく、その防火性向上のためにモルタル塗や銅板で覆うことでこれを実現しようとする試みも行われており（→⑥⑨）、これは建築基準法の前身で建築法規として初めて制定された1920（大正9）年の**市街地建築物法**において、都市部の防火地区が定められたことで普及した。このことは日本建築の伝統的な特質となってきた柱・梁の軸部が外観に見られなくなるという伝統と文化の消失という側面も意味していたのである。

⑥⑧──レンガ造
（東京藝術大学赤レンガ1号館）

⑥⑨──銅板で覆った戦前期の住宅

日本建築の耐震技術

　日本建築の柱・梁を組み立てたフレームは地震で強い慣性力が生じると横倒しになるため、その間に**筋交**（筋違）という斜材を入れる伝統的な耐震構法が編み出されてきた。古くは三仏寺投入堂（→⑦⓪）の束に見られるが、垂直・水平の整然とした佇まいが失われるためか、これを積極的に用いたものは多くない。専ら耐震構法として広く普及してきたのが**貫**（→㊱）と柱下と基礎との間に渡された**土台**（→⑦①）である。

　このように日本建築は伝統的に地震に対して強い造りとする十分な技術が講じられてきたとは言い難いのであるが、木造の柱・梁を組み上げる造りであるために建築全体の重量が軽いことで、地震により生じる慣性力が小さいうえに部材の接合部が相互に変位して地震の力を全体で相殺する性質を持っていた。もちろん土壁にはクラックが生じるが、これもまた地震の力を吸収して緩和

⑦⓪──三仏寺投入堂（平安時代後期）
束をのばして舞台のようにして崖地・岩場に建てるものを懸造（かけづくり）と呼ぶ。

⑦①──土台（旧安西家住宅）

⑦2──帯鉄（三菱一号館美術館施工現場）

⑦3──防火床

する働きを有していた。焼失してしまう火事はともかく、地震による倒壊は部材を再利用して組み直せばよいくらいに自然の脅威を大らかに見ていたのだろう。

耐震性が重視されるようになったのは明治時代になってからで、それは皮肉にも高い耐火性能を持つレンガ造を積極的に採り入れようとしていたタイミングであった。その契機が1891（明治24）年に発生した濃尾地震で、レンガ造の名古屋郵便局が倒壊するなど甚大な被害が生じた。これによりその耐震性向上が実践され、コンドルによって日本で初めてオフィスビルとして設計された三菱一号館（→㉞三菱一号館美術館として再建）には、レンガの間に薄い鉄板を挟む**帯鉄**（→⑦2）や鉄骨梁を渡して波板鉄板をスラブに用いた**防火床**（→⑦3）などの工夫が採られている。また、木造建築の構法でも「**木造耐震家屋構造要領**」（1895年）がまとめられ、接合部への金具の使用や部材の軽量化を図るための挟み梁が提案された（→⑦4）。特に広

⑦4──木造耐震家屋構造要領掲載図

⑦5──洋小屋（トラス）（旧梶村家住宅）

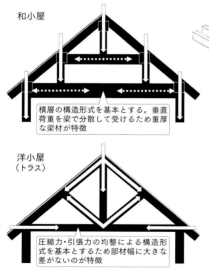

和小屋

積層の構造形式を基本とする。垂直荷重を梁で分散して受けるため重厚な梁材が特徴

洋小屋（トラス）

圧縮力・引張力の均整による構造形式を基本とするため部材幅に大きな差がないのが特徴

⑦6──和小屋・洋小屋の概念図

く受け入れられたのが**洋小屋**（→⑦5）である。これは一般に**トラス**と呼ばれ、部材間に生じる軸力（圧縮力・引張力）を構造的に相殺して釣り合いを持たせることで和小屋（→㊽）よりも細い梁成でスパンを飛ばすことを可能とする構造力学上に合理的な構法である（→⑦6）。

濃尾地震後も明治時代にはレンガ造が広く用いられていくが、欧米の建築を取り巻く動向に影響を受けて明治30年代から鉄筋コン

クリート造への取り組みが始められるようになる。これは1911（明治44）年に建てられた旧三井物産横浜支店1号館（遠藤於菟設計→⑦）が本格的な建築として初めて実現したものとして知ら

⑦──旧三井物産横浜支店1号館（1991年）

⑱──日本興業銀行本店（1923年）

れ、鉄・ガラス・コンクリートの近代建築材料を用いた建築が次第に増えゆく中で、大正時代になって佐野利器★17の『家屋耐震構造論』（1915年）や内藤多仲★18の『架構建築耐震構造論』（1922年）にはじまる耐震構造理論がまとめられた。この理論に基づき構造設計がなされた日本興業銀行本店（→⑱）が関東大震災（大正12年）で被害を受けなかったことで有用性が実証され、鉄筋コンクリート造がレンガ造に代わって広く受け入れられていくようになるのである。

★17──佐野利器
（さの・としかた、1880-1956）
日本の耐震工学の礎を築いた構造学者。東京帝国大学教授を務めるほか、関東大震災後の復興事業に深く関与するなど、大正・昭和戦前期の日本建築界で幅広く活躍した。

★18──内藤多仲
（ないとう・たちゅう、1886-1970）
佐野利器に学び、高層建築の耐震構造法を確立した「耐震構造の父」。早稲田大学教授を務め、戦後には全国各地に電波塔・観光塔を手がけて「塔博士」とも呼ばれた。代表作品に通天閣（1956年）、東京タワー（1958年）。

（ 畳 と 建 具 ……日本建築のモデュール ）

現代に建築設計を学ぶ者にとって、理解しておきたいものに江戸時代以降に形づくられて今に至る日本伝統のモデュールと呼べるものがある。

これは伝統的な民家の柱間寸法で見ておおむね東西で二分できるが、西日本で採られてきた**内法制**が古く、**長さ1,910mm（6尺3寸）×幅955mm（3尺1寸5分）**の**京間**と呼ぶ畳の大きさを基準として、並べた畳の周囲に柱を配して部屋を構えるもので、東日本で採られてきたものが1間を**1,820mm（6尺）**として柱を配列し、その中に**江戸間**（田舎間）と呼ぶ長さ**1,760mm（5尺8寸）×幅880mm（2尺9寸）**を基本とする畳で割り付けて部屋を構える**心々制**とする相違がある（→⑲）。

西日本の畳割と東日本の柱割という基準寸法の成り立ちに差異が生じたのは、田畑の石高を計算する基準

として豊臣秀吉が実施した6尺3寸（1,910mm）を基準とする太閤検地、徳川家康が行った6尺（1,820mm）を基準とする検地のそれぞれの長さによるとも言われる。これは明治時代になって度量衡法（1891年）で江戸間の1間＝1,820mm（6尺）を基準とすることが定められ、現在も建築部材の基準寸法として息づいている。

　東西で差異はあってもモジュールのあったことが重要で、このことは畳や襖、明障子などの建具に共通した大きさを持つ規格を生み出した。特に大阪では、江戸時代から昭和戦前期まで外周りの出入口の建具と雨戸のみで、内部の畳や襖・明障子といった建具は居住者自らが準備する裸貸という賃貸システムがあった。今は建具の備え付けが一般的だが、畳や建具は家財道具の一種だったのである。

4 建築文化の継承のために

（ 歴 史 的 建 造 物 の 保 存・再 生・活 用 ）

　私たちは歴史的建造物に何を見て、何を感じ、そしてどうして保存する必要があるのだろうか。本節では、日本建築が積み重ねてきた「過去」を「現在」にどのように活かして「未来」へ継承していくかについて、文化財をキーワードに述べたい。特に近年では登録文化財制度が敷かれ、リノベーションやコンバージョンが広く知られるようになってきたことから、歴史的建造物を保存・再生し、その建築の持つ魅力を活かして活用を行うことも身近になってきている。また、ヘリテージマネージャー[19]の育成も各地で進められており、本節で取り上げる内容は近い将来に建築設計の実務において、より一層に必要性が高まっていく分野となるだろう。

（ 歴 史 的 建 造 物 を 取 り 巻 く 文 化 財 制 度 の 種 類 ）

　歴史的建造物保存の取組みは明治時代にはじまる。そ

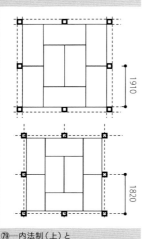

⑦⑨─内法制（上）と心々制（下）の概念図
伝統的に西日本で用いられた内法制は
京間（1,910mm×955mm）の畳割、東日本の心々制は
1間＝1,820mmの柱割として畳を割り付けるため120角柱なら江戸間の1,760mm×880mmの畳となるが、柱の太さによって畳の大きさにばらつきが生じる。

★19─地域の歴史的建造物の保全等を担う建築士をいい、阪神・淡路大震災で被災した歴史的建造物の修復のために兵庫県が始めた取組みがきっかけとなり、全国的に広がるようになった。

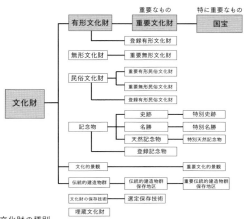

⑧⓪——文化財の種別

の端緒は1871（明治4）年に布告された**古器旧物保存方**に求められるが、これは神仏分離令（明治元年）の後に生じた廃仏毀釈を受けて、社寺と地方の美術品や歴史資料を対象に保存を行うもので、建造物は含まれていなかった。

　建造物を保護対象として定めたのが1897（明治30）年の**古社寺保存法**である。その名の通りに神社と寺院に限定されていたが、これは後に1929（昭和4）年の**国宝保存法**で城郭や茶室、武家住宅、民家も新たに保護の対象となった。

　こうした歩みを経て、戦後の1950（昭和25）年に定められたのが**文化財保護法**で、「文化財」の用語もこの時に初めて決められたものである。これは施行後に幾度かの改正を経て、現在の種別は上図に示すようになっている（→⑧⓪）。

　建造物はこの中で**有形文化財**に含まれ、これがさらに**指定文化財**と**登録文化財**に分けられる。指定文化財は各時代または類型の典型として厳選されたものを対象に、文化財保護法で定める下では**重要文化財**とその内の特に価値の高いものを**国宝**に指定して保護する。これに続いて都道府県、さらに市町村の指定文化財から構成され、永久的な保護を目的として規制と手厚い保護でこれを担保しようとするものである。

　登録文化財は、1996（平成8）年の文化財保護法改正で

新たに設けられたもので、主に近代の文化財建造物を将来の重要文化財候補として**登録**することであらかじめ保護し、また、その保存・再生・活用の活性化のために「**通常望見できる範囲**」と呼ぶ外観のみを保護対象として、周囲から見えない背面側や建物内部は用途に応じて改造を認める緩やかな保護措置をもって幅広く継承し、かつ従来の指定文化財制度を補完しようとするものである。登録文化財は建設後50年以上が経過していることを基準に明記しており、ここで決められたことにより50年というのが文化財建造物全般に共通する目安となっている。

　建造物に係る文化財の種別には、これらに加えて**伝統的建造物群**がある。有形文化財が個別の建造物を保護対象とするのに対して歴史的な町並を面的に保護しようとするもので、1975（昭和50）年に文化財保護法を改正して設けられた。これは昭和40年代の高度経済成長期の開発で次々と歴史的な建物や町並が失われていくことに危機感を抱き、高山や倉敷、萩などの地域が独自に取り組んだ町並保存活動を背景につくられたことから、まずは地方自治体（市町村）が一定範囲の町並を保護対象として定め、全国的な視座から見て相応しいと評価されたものを**重要伝統的建造物群保存地区**に**選定**して保護するというものである。

　文化財建造物に関連する制度に**世界遺産**もある。ユネスコ（国際連合教育科学文化機構）の管轄で、国家間の境界を越えて人類全体にとって「**顕著な普遍的価値**」を有する建造物または歴史的町並などを**文化遺産**として**登録**している。上述の文化財保護法で定められる文化財はいずれにも保護するための義務と修理時の補助金や税金の免除・減額の優遇措置が決められているのに対して、世界遺産では義務や優遇措置はなく、これに登録されることで知名度が向上して主体的に保護に取り組む機運が高まり、かつ観光客の増加による経済効果を期待するという

ものである。直接的に文化財の保護を行うものではなく、制度上性格の異なるものなのである。

(歴史的建造物の保存問題)

現在、歴史的建造物を取り巻く保存問題が各地で生じているが、その要因は明治時代に受け入れてきた近代建築と現代社会との間に介在するギャップによるところが多い。

⑧1——継木（唐招提寺金堂）
特に柱根本の継木を「根継」という。

伝統的な日本建築は、柱・梁で組み立てるつくりのために解体した建物の移築再建や古材の転用が可能で、基礎に載る造りからジャッキアップしてそのまま移動させる曳家や傷んだ箇所のみを削り取って新しい材で補修する継木（→⑧1）と矧木（→⑧2）という、日本建築の持つ伝統的構法・材料の柔軟な特質から長寿命化して使う技術が培われてきた。つまり、歴史的建造物の保存問題は主として近代建築特有の問題という見方が出来るのである。

⑧2——矧木（旧長崎税関三池税関支署）

その主な要因には、①主構造がレンガ造、次いで鉄筋コンクリート造へと変化し、基礎から上部壁体まで一体的に形成され、かつ重量のある材料のために上述の伝統的手法の適用が困難であり、②建築が大規模化・高層化していったことで、移築再建や曳家が難しく、③未だ根強いスクラップ＆ビルドによる建設上簡易な手段での経済性・利潤性の追求があり、さらに最も直接的な理由に④耐震強度の不足と設備の老朽化が挙げられる。

(歴史的建造物保存の理念と方法分類)

歴史的建造物の保存修理を行う改修設計では、その根幹をつかさどる理念がある。その1つが**復元**と**復原**である。復元は失われて存在しないものを学術的な考察に基づいて新築する場合を指し、復原は調査研究による学術的な根拠に従った修理または再現を指す。

このほかに**オーセンティシティ**と**インテグリティ**がある。オーセンティシティは**真正性**と訳され、既存建物と

同一の①**建築材料**と②**建築工法・技法**で保存修理を行い、その③**建築意匠**を恣意的に変えずに図面や写真などの資料を根拠に復原し、その建築を形づくるうえで影響を与える④**周囲環境**の4つを守ることで真正性を担保するという理念である[20]。インテグリティは**完全性**と訳され、その歴史的建造物が持つ歴史的・文化的価値の長期的な維持が可能な状態を指す考え方である。

　続いて歴史的建造物の保存方法の分類についてまとめてみたい。これを筆者は保存位置、保存状態、保存手法、増築の有無、活用の有無の5点から整理して理解している。

保存位置：歴史的建造物の保存場所での分類で、①建てられた場所に保存する**現地保存**と、②別の場所に移す**移築保存**がある。移築保存は主に農家主屋で昭和40、50年代に多数実施されてきたが、1975（昭和50）年の文化財保護法改正で重要文化財における建造物と土地の一体指定が定められ、周囲環境の保全も重視する認識が高まったことから、現在はあまり推奨されていない。こうした場所の特性を示す概念を**ゲニウス・ロキ**（地霊）と呼ぶ。

保存状態：歴史的建造物をどのような形式で保存するかの分類で、①修理前の状態を維持する**現状維持**、②記録や資料に基づいて創建時など望ましい年代の状態に復原する**完全復原**、③旧状とは異なる新しい部材で形状だけを再現する**レプリカ保存**、そして④部材や形状を新しいデザインで置換して表現する**イメージ保存**である。

保存手法：歴史的建造物そのものにどの程度手を入れて保存を行うかで6分類に整理できる。①歴史的建造物をそのまま保存する**全面保存**、②一部分だけに保存範囲をとどめる**部分保存**があり、これはファサードから多少奥行きを持たせて保存するケースが多く、**ワンスパン保存**とも呼ばれる。③**ファサード保存**は、外壁部分だけを保存範囲とするもので、部分保存とファサード保存は後方に高層建築を伴うケースが多い[21]。さらに④歴史的建

★20──鈴木博之『現代の建築保存論』（王国社、2001年）に詳しいので、参照してほしい。

★21──腰巻き保存と呼ばれることもある。

造物の装飾などの部材を新築建物に転用する**エレメント保存**、そして⑤記念室などで建物内部に旧状を再現する**インテリア保存**があり、最後に⑥歴史的建造物の解体が避けられない場合に設計図面や部材などを記録として保存する**記録保存**も挙げられる。

増築の有無：歴史的建造物の保存では、床面積の不足を補うために増築することも多い。新たに設けた建築をどのようにデザインして既存の歴史的建造物と取り合わせるかに設計者の見識と手腕が求められる。これには①増築を行わない**増築なし**を含み、②隣接または上部に別建物を取り合わせて構成する**新旧並置**、③歴史的建造物にデザインを合わせた増築部分として全体的に意匠上の融合を試みる**新旧融合**、そして④歴史的建造物を増築部分で覆うように構成する**鞘堂形式**の4つに分類できる。

活用の有無：歴史的建造物保存を巡る近年の動向では、活用の重要度が高まっており、保存・再生・活用は一連のものという考えも定着しつつある。歴史的建造物をどのように活用するかでも次の5つに分類できる。①元々使われていたままに継続する**機能継続**、②それまでと異なる新たな用途で活用する**再生保存**、さらに近年では空き家などのストック活用の観点から再生・活用に重きを置いた取組みとして、③歴史的建造物の保存に縛られないデザインと建築材料で当初機能を継続する**リノベーション**、同じく④新しい用途で再生・活用を行う**コンバージョン**も認知度が高まりつつある。そして⑤具体的な活用方法を講じずに保存に重きを置く**凍結保存**（活用なし）である。

⑧③—旧札幌電話交換局舎（1898年）

〔 歴史的建造物の保存・再生・活用の歩み 〕

歴史的建造物の保存・再生・活用が本格的に生じるようになったのは高度経済成長期の1960年代後半からである。その保存の系譜を辿りながら、時代ごとに採られ

⑧④—旧横浜正金銀行本店本館（1904年）　後方に新旧並置による増築部分を備えて神奈川県立歴史博物館として活用されている。

033

⑧⑤—倉敷アイビースクエア
（1973年改修）

⑧⑥—中京郵便局
（1902年、1978年改修）

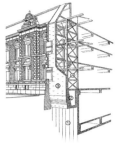
⑧⑦—中京郵便局のファサード保存

⑧⑧—神戸地方裁判所（1991年改修）

⑧⑨—お茶ノ水スクエアA館
（1987年）

⑨⓪—千葉市中央区役所・
千葉市美術館（1927年、1994年改修）

てきた保存方法の流行や推移を理解してほしい。

　1960年代後半に歴史的建造物の保存が本格的に取り組まれるようになったはじめのうちは、旧札幌市電話交換局舎（→⑧③）のように博物館明治村などの野外博物館に移築保存するものと旧横浜正金銀行本店本館（→⑧④）のように重要文化財に指定して現地保存を行うケースが主で、これは博物館や資料館に再生保存したものが多い。

　1973（昭和48）年には、旧倉敷紡績工場をホテルや観光施設へと転用した倉敷アイビースクエア（浦辺鎮太郎設計→⑧⑤）が完成した。これは現在でいうコンバージョンの先駆的なものとして重要である。また、1978（昭和53）年には中京郵便局（→⑧⑥、⑧⑦）でファサード保存が初めて実施され、これが神戸地方裁判所（1991年→⑧⑧）など1990年代前半までのトレンドになった。

　1987（昭和62）年には、建築家・磯崎新がお茶ノ水スクエアA館（→⑧⑨）で既存の主婦の友社社屋の部材をエレメント保存で再利用し、また、イメージ保存により同建物のファサードに似通わせたボリュームを備えて全体をデザインした。建築家が歴史的建造物の保存・再生・活用に取り組んだ早い事例である。

　1990年代後半には、歴史的建造物の保存範囲が広がり、鞘堂形式により旧川崎銀行千葉支店を保存した千葉市中央区役所・千葉市美術館（大谷幸夫設計 1994年→⑨⓪）や旧京都市立明倫小学校校舎の歴史的な趣を活かして芸術

㉑──京都芸術センター
(1931年、1999年改修)

㉓──JPタワー
(1931年、2012年改修)

㉔──石の美術館STONEPLAZA
(2000年)

㉒──シップ神戸海岸ビル
(1998年改修)

㉕──国際子ども図書館
(1908年、2002年改修)

㉖──歌舞伎座(2013年)

㉗──三井本館
(1929年)

振興の拠点施設として再生保存を行った京都芸術センター(1999年→㉑)のような歴史的建造物の全面保存に取り組む事例が現れるようになった。また、旧三井物産神戸支店をファサードからワンスパン分の奥行を持たせて部分保存して高層建築と取り合わせたシップ神戸海岸ビル(1998年→㉒)が建てられ、これが東京中央郵便局を部分保存したJPタワー(2012年→㉓)など、広く用いられる保存方法となって現在に至っている。

2000年代からは保存の重要性の理解も高まりつつあり、隈研吾の設計で農協倉庫をコンバージョンした石の美術館STONEPLAZA(2000年→㉔)や安藤忠雄の設計で増築を加えて新旧並置による保存改修がなされた国際子ども図書館(2002年→㉕)などのように建築家が歴史的建造物の保存・再生・活用に関わる事例が増えつつある。また、みずほ銀行京都中央支店(2000年)や歌舞伎座(2013年→㉖)のようにレプリカ保存により歴史的建造物のファサードを再現する事例も生じ、三井本館(→㉗)や東京駅(2012年改修)などのように歴史的建造物の敷地に本来建てられる分の容積率の余剰分を他所に上乗せして

⑱—国際文化会館
（1955年、2005年改修）

⑲—大多喜町役場庁舎
（1959年、2012年改修）

　超高層建築を建てる**特例容積率適用区域制度**により床面積の採算を取ることで歴史的建造物の全面保存を行う事例が現れるようになった。
　さらに国際文化会館（2005年改修→⑱）や大多喜町役場庁舎（2012年改修→⑲）のように戦後に建てられたモダニズム建築の保存・再生・活用も取り組まれるようになり、中には文化財となる事例も増えつつある。歴史的なモダニズム建築の保存・再生・活用は、近い将来より身近な存在になっていくことだろう。

【図版出典】
⑰—高知県教育委員会『重要文化財高知城（第三期）修理工事報告書』1959年
⑲—京都府教育委員編『国宝慈照寺東求堂修理工事報告書』1965年 p.17
㉑—元離宮二条城事務所『二条城修理工事報告書 第二集』1956年
㉓—田辺泰『日本建築 茶室篇 第7冊』1942年
㊶—藤木竜也「明治時代初期官舎の平面類型と建築的特徴」『生活文化史』第64号 2013年 P.7
㊷—住宅改良會『住宅』1917年12月号
㊸—住宅改良會『住宅』1917年12月号
㊹—住宅改良會『住宅』1922年3月号
㊺—日本建築学会編『日本建築史図集 新訂第二版』彰国社 2009年
㊽—京都府教育廳文化財保護課國寶大報恩寺本堂修理事務所『國寶大報恩寺本堂修理工事報告書』p.19 1954年
㊼—文部省震災予防調査会『木造耐震家屋構造要領等調査ノ主旨』1895年
㊻—日本建築学会『建築雑誌』446号 1922年8月
㊾—文化庁文化財部参事官（建造物担当）『国宝・重要文化財建造物 保存・活用の進展をめざして』p.3
㊿—本松智房「中京郵便局庁舎の外壁保存と景観の保持」『建築雑誌』1154号 1979年 p.73
◆特記のないものは筆者撮影

第2章
西洋建築史に学ぶ
「普遍の知と美」

今日のグローバルな現代社会は、よかれあしかれ
欧米の文明や文化に根差している。
日本においても欧米の価値観に基づく近代的思想が
私たちの社会を大きく規定している。
そのため、今日の世界の状況や日本にいる私たちの
あり方を理解するうえで、西欧の社会や文化を
学ぶことの意義は大きい。
それは明治以降積極的に西洋に倣ってきた
建築の分野ではなおさらである。
本章では、ヨーロッパの歴史的な建築にみられる
美と知について多角的な視点から述べる。
そこには近代文明の礎をなしてきた
建築の普遍的な本質が描かれおり、
今日建築設計を考える上、建築の基本理念の
理解に結びつくものとなるだろう。

........................藤木竜也・今村創平

1 西洋建築史を学ぶ意義

建築学を学ぶ大学などの教育機関では、西洋建築史がカリキュラムに設けられていることが多い。ヨーロッパの歴史・文化に関心のある学生でなければ、なぜ日本人がヨーロッパの建築史を学ぶ必要があるのか、という疑問を少なからず抱くことだろう。実は、このことは日本における大学の建築学科の成り立ちと大きく関係があるのである。

（ 建 築 学 に お け る 初 の 講 義 は「 西 洋 建 築 史 」）

日本で初めて設置された建築学の教育機関は工部大学校造家学科[★1]で1877（明治10）年に設置された。教師を担ったのがコンドルで、専門科目として担当した2科目が「材料の性質と家屋構造原理 Quality of Materials and Principle」と「建築の歴史と芸術 History and Art of Architecture」である。

「材料の性質と家屋構造原理」は、レンガ、モルタルなどの各種材料とレンガ造の基礎、壁、アーチの構造のほか、木造や鉄骨造の講義を中心としたもので、強度計算や構造計算も含むという今日の建築学では複数の科目で学ぶ内容を取り扱っていた。一方、「建築の歴史と芸術」は「エジプト建築・アッシリア建築・ペルシャ建築・インド建築・支那建築・日本建築・ギリシャ建築・エトルスク建築・ローマ建築・ロマネスクとビザンチン建築・回教建築・ノルマン建築・後期ロマネスク建築・ゴシックと尖頭様式・後期ゴシック様式・ヨーロッパの近代建築」[★2]として、世界各国の建築様式を取り上げた内容であったという。教授対象に微差はあるが、現在も西洋建築史で取り扱われる内容は一般にヨーロッパの建築様式史であるので、140年間にわたって引き継がれてきた建築学にとってもっとも古典的な講義が、実は西洋建築史なのである。

★1—現在の東京大学工学部建築学科の前身。今にいう「建築」は当時「造家」と呼ばれ、明治30年ころから改められて現在に至っている。

★2—日本建築学会編『近代日本建築学発達史』丸善、1972年（p.1804）

②——パンテオン（前25年）

(歴 史 主 義 建 築 …… 西 洋 建 築 史 の 結 着 点)

　まずは、なかなか理解が難しいであろう西洋建築史の講義で取り扱われるヨーロッパの建築様式史の流れを俯瞰して、大まかな理解を得てみたい。

　西洋建築史は、ヨーロッパの建築文化が形づくられる前に生じていた**エジプト建築**、**オリエント建築**、さらに地中海ならびにギリシャ本土で先行して発展した**エーゲ海建築**からはじまる。それらに続いて舞台をヨーロッパに移し、パルテノン神殿（→①）で有名な**ギリシャ建築**、そしてパンテオン（→②）をはじめとする数々の建築が現存し、後のヨーロッパの建築文化で重要な位置を占める**ローマ建築**と続いて**西ローマ帝国滅亡**（476年）までを**古代**とする。

　中世の建築文化は西ローマ帝国滅亡後に積み重ねられたもので、文化的に分断されていることが西洋建築史を理解するうえで重要である。ゲルマン民族が現在のヨーロッパ諸国の礎を築くが、これは11世紀になってイタリアのピサ大聖堂（→③）やサン・ミニアト・アル・モンテ聖堂、ドイツのヴォルムス大聖堂、イギリスのダラム大聖堂など、ヨーロッパの広い範囲で各地の特色を持ち合

①——パルテノン神殿（前438年）

③——ピサ大聖堂（1272年）

④──ランス大聖堂（1457年）

⑤──ハギア・ソフィア大聖堂（537年）

⑥──サンタ・マリア・デル・フィオーレ大聖堂（1436年）

⑦──オスペダーレ・デッリ・インノチェンティ（1419年設計）

わせながら共通した傾向を示すようになり、**ロマネスク建築**と呼ばれる。ローマ・カトリック教会が強大な政治権力をつかさどった時代背景もあり、中世はキリスト教会堂が中心となって展開し、これは12世紀中期に形成された**ゴシック建築**にも引き継がれ、**尖頭アーチ**と**リブヴォールト**の併用からこれの発生と位置づけられるサン＝ドニ修道院教会堂をはじめ、パリ大聖堂、ランス大聖堂（→④）などの大聖堂で語られることが多い。壮麗でかつ天に向かってそびえ立つゴシック建築こそが中世の建築文化の華で、ヨーロッパの建築文化が伝統的に培ってきた石材による組積造の技術的な到達点を示す。また、ハギア・ソフィア大聖堂（→⑤）に代表される東ローマ帝国で生じた**ビザンチン建築**や独自の発展を示してゴシック建築の形成に影響を与えた**イスラム建築**も取り上げるのが一般的である。

近世の建築文化は、ローマ・カトリック教会の権力の呪縛より離れたところから生じた。15世紀のイタリア・フィレンツェに建てられたサンタ・マリア・デル・フィオーレ大聖堂のドーム（→⑥）にはじまる**ルネサンス建築**である。ルネサンス建築から先は建築家が登場し、彼らは整数比や透視図といった図法で設計を行い、その意匠を**ローマ建築**に求めた。「再生」の意味を持つルネサンスはこれに由来し、ここで造形美の規範と認識されたことが西洋建築史の方向性を決定づけたといっても過言ではないのである。

フィリッポ・ブルネレスキ★3が設計したオスペダーレ・デッリ・インノチェッティ（→⑦）、ドナト・ブラマンテ★4が手掛けたテンピエットなどを取り上

⑧──ラウレンツィアーナ図書館前室（1571年）

げて、ルネサンス建築に特有な調和の取れた造形美が説明されるが、16世紀後半にはそれを作為的に崩したルネサンス建築後期にあたる**マニエリスム**が生じた。これはミケランジェロ・ブオナローティ★5のラウレンツィアーナ図書館前室（→⑧）などに知られる。

その流れを受けて、17世紀から18世紀前半にかけて**バロック建築**と呼ぶ、装飾過剰な彫刻的表現や遠近法による錯覚を利用した動的表現を用いた建築が現われた。ルネサンスとバロックはイタリアで形づくられたことから、ミケランジェロをはじめとする複数の建築家が段階的に携わって完成させたサン・ピエトロ大聖堂（→⑨）やジャン・ロレンツォ・ベルニーニ★6設計のサンタンドレア・アル・クィリナーレ聖堂、フランチェスコ・ボッロミーニ★7設計のサン・カルロ・アッレ・クワトロ・フォンターネ聖堂（→⑩）などバロック建築の早い事例はイタリアに多いが、後にはドイツでバロック建築芸術の頂点たる高度な技巧性と造形性を示すに至る。また、バロック建築後期には曲線を多用する複雑で優美なロカイユ装飾を室内に用いて、壁と天井がシームレスに連なる極めて華やかな**ロココ建築**がフランスに生じた。

18世紀後半には、バロック建築やロココ建築の過剰な装飾性への反動から、ルネサンス建築と同じようにギリシャやローマの古典建築への揺り戻しが生じ、荘厳さをたたえた建築が再び姿を現すようになった。これを**新古典主義建築（ネオ・クラシズム）**と呼び、大英博物館（→⑪）のようなギリシャ建築を写し取った**グリーク・リヴァイ**

⑨──サン・ピエトロ大聖堂（1626年）

⑩──サン・カルロ・アッレ・クワトロ・フォンターネ聖堂（1638年起工）

⑪──大英博物館（1847年）

⑫──エトワール凱旋門（1836年）

⑬──オペラ座（ガルニエ宮、1436年）

⑭―カリフォルニア大学ロサンゼルス校ロイス・ホール（1929年）

⑮―ウェストミンスター宮殿（1860年）

★3―フィリッポ・ブルネレスキ
（Filippo Brunelleschi、1377-1446）
イタリアに生まれ、金細工師、彫刻家として活動し、後にルネサンス最初の建築家となった。透視図法やオーダーを発見したともされる。代表作品にサンタ・マリア・デル・フィオーレ大聖堂のドーム（1434年）、オスペダーレ・デッリ・インノチェンティ（1419年設計）。

★4―ドナト・ブラマンテ
（Donato Bramante、1444-1514）
イタリアに生まれ、ルネサンス建築の様式を完成させた建築家。後にアンドレア・パッラーディオにして「優れた建築を生んだ最初の建築家」と評された。代表作品にサンタ・マリア・プレッソ・サン・サティーロ聖堂（1482年起工）、サンタ・マリア・デッレ・グラーツィエ聖堂内陣部（1497年）、テンピエット（1510年）。

バルからはじまり、さらにエトワール凱旋門（→⑫）のようにローマ建築に範を取るものが生じたが、18世紀中ごろからウィーン国立歌劇場などの事例がある**ネオ・ルネサンス**、パリのオペラ座（→⑬）などに知られる**ネオ・バロック**と様式の対象が広がった。これは中世の建築様式の復興にも及び、カリフォルニア大学ロサンゼルス校ロイス・ホール（→⑭）に知られる**ロマネスク・リヴァイバル**やウェストミンスター宮殿（→⑮）に代表される**ゴシック・リヴァイバル**が生じ、時にそれらを組み合わせる**折衷様式**も現われた。

このように18世紀から19世紀にかけての西洋建築は、過去の歴史様式の選択と組合せからなり、これを**歴史主義建築**と呼ぶ。西洋建築史はこの歴史主義建築を結着点として系譜が述べられるもので、ギリシャ・ローマの古典建築がおよそ2,500年間ともいう長い時間にわたって極めて重要なポジションとして認知されてきた歴史なのである。

（ 歴史主義建築から近代日本の建築文化がはじまった ）

ヨーロッパにおいて歴史主義建築が成熟していたころ、ちょうど日本は幕末から明治時代にかけての時期であった。つまり、明治時代の日本が文明開化の旗印の下で積極的に受容しようとした欧米の建築の姿がまさに歴史主義建築であり、その影響を受けて形づくられたのが明治・大正・昭和戦前期の建築の姿であった。

日本の建築文化を正しく捉えるうえで、ヨーロッパの歴史主義建築の成り立ちを知ることは近代化の素地を理解するに等しく、ここに西洋建築史を学ぶ意義がある。日本は明治時代を中心に大正・昭和戦前期まで歴史主義建築を新しい目指すべき文化と見て、その受容に努めたが、ヨーロッパにとってはすでに2,500年に及んで建築文化を縛ってきた「歴史のしがらみ」でもあった。

18世紀中ごろから生じた産業革命は社会のあり方を

大きく変え、鉄・ガラス・コンクリートという建築材料が現われたことで、ヨーロッパでは近代社会に相応しい建築の姿が求められるようになった。これを**近代建築**と呼び、19世紀末から20世紀初頭にかけてアール・ヌーヴォー、セセッション、表現主義など様々な建築潮流が生じた末にインターナショナル・スタイル（国際様式）に収斂する。これらを広く包括して**モダニズム建築**と呼び、日本も大正・昭和の中でこれを受け入れて、私たちが目にする現代の建築文化の礎が築かれたのである。

2 西洋建築の組成

（ 組 積 造 ……石・レンガ を 積 み 重 ね て 建 て る ）

　西洋建築は、古来から石やレンガを積み重ねて築いた壁で囲う**組積造**によって建築を成り立たせてきた。これは日本の伝統的な建築が木材の柱・梁を組み上げてつくる架構式構造としてきたことと決定的な差異を持つ。

　その土地で得るのに容易なものが建築材料となって建築の建方に直結するが、それは気候風土との関わりも大きい。ヨーロッパでもスイスなどのアルプス地方やスウェーデンなど北欧、そしてアメリカやカナダの北米といった森林資源の豊かな地域は木造だが、木材を水平に積み重ねる「木の組積造」のログハウスとする。組積造は開口部を開けることが構造強度を減じることにつながるので大きな窓を開け難いのだが、ヨーロッパは緯度が高く★8、冷涼で湿度が低いことから夏は涼しく、冬は寒いという気候だけに大きな窓を必要としなかった。これが日本はヨーロッパに比べて夏は暑く、冬は暖かく、さらに決定的な差は湿度が高いことから柱と梁で組み立てる開放的な建方が適していた。

　建築材料は構造形式の違いとなり、気候風土でも形状の違いを生み、そして歴史・文化の違いともなって表れ

★5—ミケランジェロ・ブオナローティ
（Michelangelo di Lodovico Buonarroti Simoni、1475-1564）
イタリアに生まれ、建築家としてのみならず、彫刻家、画家、詩人として多岐に渡る分野で優れた芸術作品を手がけたルネサンス期を代表する「万能人」。その独特の作風がルネサンス建築後期のマニエリスムとなって大きな影響を与え、後のバロック建築の形成に結びついた。代表作品としてラウレンツィアーナ図書館(1559年)、カンピドリオ広場(1546年)。

★6—ジャン・ロレンツォ・ベルニーニ（Gian Lorenzo Bernini、1598-1680）
イタリアに生まれたバロック建築を代表する建築家。若くして才能を認められ、歴代教皇に重用されてローマで多くの作品を手がけたことから、「ベルニーニはローマのために生まれ、ローマはベルニーニのためにつくられた」と賞された。代表作品にサン・ピエトロ広場(1667年)、サンタンドレア・アル・クィリナーレ聖堂(1661年)。

★7—フランチェスコ・ボッロミーニ（Francesco Borromini、1599-1667）
イタリアに生まれ、ベルニーニのライバルでもあったバロック建築を代表する建築家。代表作品にサン・カルロ・アッレ・クワトロ・フォンターネ聖堂(1636年起工)、サンティーヴォ・デッラ・サピエンツァ聖堂(1650年)。

★8—ヨーロッパで比較的南に位置するイタリアのミラノで北海道最北の稚内と同じである。

【第2章】……西洋建築史に学ぶ「普遍の美と知」

043

るのである。まさに建築の「映し鏡」といえよう。

(アーチ・ヴォールト・ドーム……窓を開け、屋根を架ける)

組積造は下から積み重ねてつくるだけに開口部の上部をつなぎ渡すことに技術的な工夫が必要となる。これを解決するのが**アーチ**である。

アーチ（→⑯）は盛土や木枠で左右から円弧に沿って石・レンガを積み重ね、最後に中央のキーストーン（要石）を入れた後に盛土・木枠を除いて上部から伝わる圧縮力のみで支えるという技術であり、その発祥は紀元前4,000年ごろ、今から約6,000年前にオリエント建築で用いられたという★9。これは古来より**半円アーチ**（→⑯）を基本としたが、**尖頭アーチ**（→⑰）がゴシック建築に採られたことでスパンと関係なくアーチの高さを調整できるようになり、ゴシックの大聖堂に特有な天へとのびる垂直性の強い空間を獲得できるようになった（→⑱）。

アーチは下に空間を設けるためのスパンを飛ばす建築技術であり、これを建物規模に拡大すれば屋根架構にも応用できる。それが**ヴォールト**と**ドーム**である。

ヴォールトは、アーチを並べて蒲鉾型とした**筒型ヴォールト（トンネルヴォールト）**（→⑲）を基本形とし、交差させたものを**交差ヴォールト**（→⑳）という。特に交差ヴォールトは四方がいずれもアーチとなることから四隅

⑯——半円アーチ
（サンタンブロージョ聖堂）

★9——『日本大百科全書』
小学館、1994年

⑰——尖頭アーチ

⑱——ゴシック大聖堂の
内部空間（ランス大聖堂）

⑲——筒型ヴォールト
（パラッツォ・ウッフィーツィ）

⑳——交差ヴォールト（サンタ・マリア・デリ・アンジョリ教会）

㉑──リブヴォールト（パリ大聖堂）　㉒──ドーム（パンテオン）

㉓──スキンチ
（サンタンブロージョ聖堂）

㉔──ペンデンティブドーム
（サンタ・マリア・マッジョーレ聖堂）

㉕──二重構造のドーム内部（サンタ・マリア・デル・フィオーレ大聖堂）

を柱で支え、これを連続させることで広がりを持つ空間をつくることが可能となった。ローマ建築ではこの技術を高度にかつ巧みに使いこなしており、ディオクレティアヌス浴場跡を転用したサンタ・マリア・デリ・アンジョリ教会などローマ遺跡の数々にそれを見ることができる。これはゴシック建築において、交差ヴォールトの稜線にリブと呼ぶ支持材で補強する**リブヴォールト**（→㉑）が生じたことで天井の軽量化が図られた。

一方、ドームはアーチを頂点で回転させて半球形の形状を構築する原理で考えられた屋根架構技術でパンテオン（→②,㉒）に象徴される。当初は円形平面にならざるを得ず、四角形平面にこれを架ける時には四隅の隙間を持送り構造などで埋める構造的に不完全な**スキンチ**（→㉓）という方法が採られたが、ビザンチン建築でこれを合理的に解決する**ペンデンティブドーム**（→㉔）が生み出され、ルネサンス建築以降の建築様式でも広く受け入れられた。さらにサンタ・マリア・デル・フィオーレ大聖堂（→⑥）で初めて外殻と内殻の二重構造を持つドーム（→㉕）がつくられて、これが広まることで急勾配となり、その下部に**ドラム**を据えることで外観において強い象徴性を持つドームが形づくられるようになった。これはサン・ピエトロ大聖堂（→⑨）をはじめ、アメリカ合衆国議会議事堂

045

㉖──ゴシック大聖堂の側面
（ランス大聖堂）

㉗──フライングバットレス
（ランス大聖堂）

㉘──サント・シャペル

などにも知られる。

（フライングバットレス……組積造での架構式構造への漸近）

　組積造の技術がもっとも高まりを見せたのがゴシック建築である。ゴシックの大聖堂のファサードは彫刻が散りばめられた壮麗なたたずまいを持つが、側面と背面は凹凸の顕著な対称的な造形をしている（→④, ㉖）。配列された柱状のものが**バットレス（控壁）**、高く掲げた中央の身廊とをつなぐアーチを**フライングバットレス（飛控）**（→㉗）といい、これらによって石造の高層建築である大聖堂の天に向かってのびゆく垂直性の強い空間を実現させている。すなわち、身廊の水平力をフライングバットレスで受けてバットレスに伝え、上部に載せたピナクルの重量で垂直力へと置換して支えるというもので、これにより大きな開口部を開けられるようになり、ステンドグラスを入れることで堂内が色彩鮮やかな天空からの光で満ち溢れる空間へと変貌を遂げた。

　このようにして中世のゴシック建築は、組積造技術の到達点を示し、サント・シャペル（→㉘）に象徴されるような柱で支持する架構式構造に漸近する美しく洗練されたプロポーションを獲得したのである。

3　西洋建築の普遍の美
オーダー・エンタブラチュア・ペディメント

（ギリシャ建築……美の創造）

　歴史主義建築に結実する西洋建築史には、これを通底する「普遍の美」があった。それはギリシャ建築に生み出され、ローマ建築でその重要性が確たるものとなったオーダー・エンタブラチュア・ペディメントという美をつかさどる象徴である。

　ギリシャ建築は紀元前8世紀ごろから形づくられ、紀元前5世紀から4世紀ごろに最盛期を迎えたヨーロッパ

で初めて本格的に生じた建築様式である。その美は神殿に集約され、パルテノン神殿（→①）に象徴される。ギリシャ神殿はスタイロベート（基壇）の上に**オーダー**と呼ぶ柱を並べ、その上にコーニス、フリーズ、アーキトレーブの3層からなる装飾の施された**エンタブラチュア**（→㉙）という梁を架け、さらに妻側の二面に**ペディメント**と呼ぶ破風飾を伴う。

これは架構式構造の構成を示すが、オーダーは輪切りとなった大理石を積み重ねて建てている。さしずめ木の柱・梁の架構の形式をした組積造建築だが、これはもともと木造とする建築文化を持っていた名残だと考えられている。オーダー・エンタブラチュア・ペディメントという西洋建築に通底する「普遍の美」は、ギリシャ建築で石造と木造、組積造と架構式構造の奇跡の出会いによって生じた美の結晶なのである。

㉙——エンタブラチュア

㉚——メゾン・カレ

（ ローマ建築……美の形成 ）

ローマ建築でもギリシャ建築で生み出されたオーダー・エンタブラチュア・ペディメントをその建築に採り入れた。アーチを用いたローマ建築では、木造の架構式構造に由来するこれらを単純に装飾として受け入れたのである。メゾン・カレ（→㉚）に知られるローマ建築の神殿では側面・背面をピラスター（柱型）により、日本建築の真壁を思わせる造りとし、コロッセオ（→㉛）では高層建築の外観を美しく彩る方法としてオーダーとエンタブラチュアをアーチと組み合わせて積層させる独自のアレンジを施している。

建築美の表現において、ローマ建築の独自性が顕著に表われたのがオーダー（→㉜）である。ギリシャ建築では簡素で力強い**ドリス式**、渦巻き状の持送り式のキャピタルを持つ**イオニア式**、アカンサスの葉を象った**コリント式**の3種のうちドリス式を多用したが、ローマ建築

㉛——コロッセオ外部詳細

㉜──5種類のオーダー
左からコンポジット式、イオニア式、ドリス式、トスカナ式、コリント式

★10──マルクス・ウィトルウィウス・ポッリオ
(Marcus Vitruvius Pollio、出没年不詳)
ローマ建築を営んだ共和政ローマ期の建築家、建築理論家。現存最古の建築理論書である『建築について(建築十書)』を著したことで知られる。

★11──『建築十書』とも呼ばれる。森田慶一訳『ウィトルウィウス建築書』(東海大学出版会、1979年)が翻訳書。

★12──セバスティアーノ・セルリオ
(Sebastiano Serlio、1475-1554)
イタリアに生まれたマニエリスムの建築家、建築理論家。『建築書』(1537年)を著したことで、フランスに招かれてフランス・ルネサンスの建築家に多大な影響を与えた。『建築書』は各国語に訳されて、イタリア・ルネサンス建築の理念がヨーロッパ各地に普及することに貢献した。

では独自の解釈を組み合わせてドリス式のフルート(溝彫)をなくし、さらに礎盤の上に立てて流麗にした**トスカナ式**、そしてイオニア式とコリント式を掛け合わせた**コンポジット式**を創案して5種類のオーダーを用い、中でもコリント式を好んだという。これはオーダーが美と構造を兼ねたギリシャ建築と純粋に美を彩る装飾へと純化したローマ建築の違いから生じた差異であろう。

(ルネサンス建築と新古典主義建築……美の原理)

オーダー・エンタブラチュア・ペディメントはルネサンス建築で見出され、古典的装飾として建築美を表現する美の原理となった。これはフィレンツェ、次いでローマへとルネサンス建築の中心が移っていったことに明らかなように模範となるローマ遺跡が身近に存在していたことが重要であった。その理論の礎となったのが古代ローマの建設技術者であった**ウィトルウィウス**★10の著した『**建築について**』★11で、「用・強・美」という建築が持つべき基礎理論を示した現在も広く参照される現存最古の建築理論書である。つまり、実物と理論からローマ建築を深く理解することが可能で、西洋建築に通底する「普遍の美」は、成るべくして原理へと高められたのである。

これらオーダー・エンタブラチュア・ペディメントが伝播したことは、ルネサンス建築の発生とほぼ時期を同じくして活版印刷が発明されたことも大きい。ルネサンスの建築家たちは建築理論を著作にまとめ、活版印刷によって広くそれを伝えた。建築理論の内容は多岐に渡るが、中でも重要なことにオーダーの理論化が挙げられる。これは**セルリオ**★12の『建築書』(1537年)で前出し

たオーダーの5つのパターンが見出され、続く**ヴィニョーラ**★13の『**建築の五つのオーダー**』★14（1562年）で細部の比例関係が整理されたことで広く理解されるようになり、オーダーの重要性と「普遍の美」としての礎が築かれた。

㉝——ヴィラ・カプラ
（ロトンダ、1567年起工）

　また、オーダー・エンタブラチュア・ペディメントが「普遍の美」として広く認められるようになるうえで、設計手法をもって顕著な影響を与えたのが**アンドレア・パッラーディオ**★15の作品群と、その理念をまとめた『**建築四書**』★16（1570年）である。ヴィラ・カプラ（ロトンダ）（→㉝）に代表されるように、エントランスに階段による基壇を据えて、上部に下からオーダー・エンタブラチュア・ペディメントを重ねるローマ建築の神殿を思わせるものをポルチコとして備えた。後にこの手法は**パッラーディアニズム**と呼ばれて、17世紀のイギリスからヨーロッパひいてはアメリカに広がり、20世紀初頭まで歴史主義建築の明快なアイコンとなって長く使われ続けた。

　これは装飾性が過剰に極まったバロック建築を経て、19世紀に生じた新古典主義建築で西洋建築の「普遍の美」の原理として完成した。その理論的支柱となったのが**ロージェ**★17の『**建築試論**』★18（1753年）で、「原始の小屋」と呼んだ柱（オーダー）・梁（エンタブラチュア）・破風（ペディメント）の組合せで構成したものを建築の原始的形態と位置づけ、ギリシャ建築の造形美を復興した大英博物館（→⑪）に代表されるグリーク・リヴァイヴァルの出現に結びついた。前出のパッラーディアニズムに通じるオーダー・エンタブラチュア・ペディメントの組合せがこうして西洋建築の「普遍の美」となって定型化し、19世紀の歴史主義建築へと引き継がれていくのである。

★13——ジャコモ・バロッツィ・ダ・ヴィニョーラ（Giacomo Barozzi da Vignola、1507–1573）
イタリアに生まれたマニエリスムの建築家、建築理論家。『建築の五つのオーダー』（1562年）を著し、セルリオとパッラーディオと共にルネサンスの建築様式をヨーロッパに広めることに寄与した。代表作品にジェズ教会（1580年）。

★14——長尾重武訳『ヴィニョーラ建築の五つのオーダー』（中央公論美術出版、1984年）が翻訳書。

★15——アンドレア・パッラーディオ（Andrea Palladio、1508–1580）
イタリアに生まれたマニエリスムの建築家。平面図により建築空間を設計した最初の建築家といわれ、『建築四書』（1570年）を著したことで、後世にパッラーディアニズムと呼ばれる建築潮流がヨーロッパ各地で生じた。代表作品にヴィラ・カプラ（ロトンダ、1567年起工）、サン・ジョルジョ・マッジョーレ聖堂（1610年）があり、「ヴィチェンツァ市街とヴェネト地方のパッラーディオのヴィラ」で作品群の一部が1994年に世界遺産に登録されている。

★16——桐敷真次郎訳『パラーディオ「建築四書」注解』（中央公論美術出版、1986年）が翻訳書。

★17——マルク＝アントワーヌ・ロージェ（Marc-Antoine Laugier、1713–1769）
フランスに生まれたイエズス会の司祭であり建築理論家。『建築試論』（1753年）を著し、各国語に翻訳されてヨーロッパ各地に広がることで新古典主義建築の理論的基礎を築いた。

★18——三宅理一訳『建築試論』（中央公論美術出版、1986年）が翻訳書。

COLUMN…1
建築史は不要？
五感で学ぶ「見築」ノスヽメ

●未来の建築をつくるために建築史に過去を求める必要はない — もし、あなたが高校や中学と同じように教科書とノートでもって机でこれを学ぼうとするならば、それは単なる知識に過ぎない。極めて大らかな捉え方をすれば、建築史は過去に建てられた建築を古い順に並べて、技術や理念などの移り変わりをストーリーとして綴ったものである。つまり、講義などで取り上げられた建築の数々は、日本ひいては世界のどこかに今も文化財などとして存在している。これが日本史や世界史のような一般に知られる歴史と大きく性格を違えるところである。そして、私たちは自らの目でこれを見て、その空間を体感し、これがどのように建てられているかを理解することが出来る…過去に生きた人たちと同じように。

●建築という学びは、講義や読書を通じて用語や著名な建築家、建造物を知っているだけでは不十分であって、現地を訪ねて実物を通じ、自らの五感でその知識を深く身体に浸透させるのである。こうして「知る」と「見る」のサイクルを繰り返して、知識が体感によって裏付けられた頑丈な建築的思考を築くことが望ましい。この学びを筆者は「見築」と呼んでいる。

●「見築」には、建築空間をユーザーとして素直な感動を得ることが何よりも大切だが、それと共に眼前にある建築の「ナニ？」が感動させ、「ナゼ？」で感動させられるのかについても考えを巡らせたい。建築史は別の言い方をすれば、設計者や技術者がどのようにして建築を考え、建ててきたのかの軌跡ともいえ

建築史は不要？　五感で学ぶ「見築」ノスヽメ ● 藤木竜也

る。「見築」は、その敷地において、設計者が平面構成や意匠・空間をどのようにデザインし、技術者が建築材料を組み合わせ、時に新しい素材を生み出して、どのように造り上げたのかという、設計と施工の思考について、建築史の知識を手がかりに接近する行為でもある（この時、自分ならこう設計する、こう建てるというように考えてもよい）。こうして現在と過去を往復する建築的思索によって、建築史は活きた知恵になるのである。

▶C1-1

▶C1-2

▶C1-1　清水寺本堂（1633年）
▶C1-2　せんだいメディアテーク
清水寺本堂は崖地の上に木造の束柱と貫でジャングルジムのように組み上げた懸造によって「清水の舞台」で有名な高床を支え、せんだいメディアテークは鉄骨によるチューブによって各階の床を支持する。両建築は共に床を支持する構造形式が特徴だが、建築材料や構造形式、科学技術の発展といった時代的相違が建築の姿形の差異となって表れている。

COLUMN…2

なぜ建築史は
必要なのか

●私たちが生きている現在は、過去が積み重ねられてきた姿であり、歴史そのものといえる。翻れば、私たちが現在をどのように積み重ねようとするかが未来の建築をつくり、ひいては将来の自身や社会をつくるといえるだろう。建築史の深い理解によって、これが活きた知恵と出来ているならば、私たちは正しい未来の建築を築いていくことが出来るはずである。一般に、工学系の学問では、歴史は重要視されていない。例えば、ロボットでも

●AIでも、最先端の試みや成果が重要なのであって、過去のことはあくまでもエピソードである。あなたがスマホの開発者であるときに、10年前の携帯電話がどのようなものであったかを詳しく知る必要はあるだろうか。ほぼないであろう。技術は常に更新され、現在に役立つもののみが、私たちにとって意味をもつのである。

●では、なぜ建築の世界では歴史が重視されるのだろうか。その意味を少し考えてみて欲しい。特に近代以降、技術は格段に進歩を遂げ、その潮流は今でも変わらない。なので、建築において、最先端の技術の理解は不可欠である。では、建築そのものが本当に質の更新をしてきたか問われると、そこには疑問が生じる。実際、普通に人々が鑑賞をして満足を覚えるのは、歴史的建造物である。もちろん近代や現代にもデザイン的に優れた建築が数多くあるするが、ではどちらが人々を感動させるかと比較をすると、現代建築の方の分が悪いのは明らかに思える。つまり、建築とは今日も私たちの生活において必要であり、日々技術的に

は進化を遂げてはいるものの、常に歴史によってその価値を測られているのである。

●とはいえ、近代以前と以降とで、社会、技術、美学など建築の様々なことが大きく変わったことも事実である。なので、奈良時代の法隆寺やローマ時代のパンテオンを、「自分たちの現在の建築に関連付けて考える」ことは容易ではない。歴史は鑑賞や学問の対象であっても、実践の役には立たないのではないかという問題意識には、正しいところがある。

●一方で、「歴史とは明らかにされている事実の積み重ね」と考えられがちだが、実際にはそうではない。そこには過去のことがらを振り返る現代の視点が必ず含まれる。言い方を変えると、そのように現代の私たちの思考から、歴史は自由になることはできない。であるから、本書の中に記されている歴史的事項は、すべて現在の時点からのものだということをまずは理解して欲しい。特に以降のページでは、西洋建築史を、幾何学、光、表象という3つのテーマにより通覧するが、こうした視点設定をすることが近代以降の発見だと言えよう。つまり、かなり昔のことを話題にしながらも、あくまでも私たちが添えらの建築をどう考えるかという問題なのである。

なぜ建築史は必要なのか ● 今村創平

COLUMN…2

［第2章……西洋建築史に学ぶ「普遍の美と知」

4 西洋建築と幾何学

(初源……ピラミッド、パルテノン神殿、パンテオン)

　西洋建築史は、たいていエジプトのピラミッドから始められる。その理由の一つとして、ピラミッドの持つ単純な形態を挙げることができる。

　ピラミッドは、4角錐の形状をした巨大な構築物である。この極めてミニマルな形状ゆえに、時代の流行に左右されず5000年の歳月にわたりその建築的価値を保ち続けてきた。ピラミッドが、建築（Architecture）となり得たのは、超越的なその存在感ゆえであった。古代エジプトでは、ピラミッドの他にもいくつもの神殿がつくられ、それらもまた巨大なスケールと厳格な幾何学的構成を有していた。

　続く時代においても、ギリシャ建築を代表するパルテノン神殿や古代ローマ建築を代表するパンテオンは、ともに明快な幾何学により構成されていた。こうした普遍性を持つ幾何学は、西洋建築の核として、引き継がれていくこととなる。

(トータル・システム……ビザンチン、ゴシック)

　ビザンチン建築のハギア・ソフィアでは、中央の直径30mを超えるドームが4つの辺でアーチに載り、その後外に向かっていくつものアーチやドームを経て地面へと至る。こうした幾何学的原理は、大空間を成立させるために生み出されたものだが、現代でいうところのフラクタル幾何学のような構成を生み出している。単一の幾何学ではない複雑な構成が、ダイナミックな空間を生み出している。

　ゴシック建築は、石積みの技術を飛躍的に高め高い天井を持つ劇的な空間を獲得したが、柱やアーチといった構成要素を反復することにより建物全体をつくり出して

㉞—ゴシック建築

いる（→㉞）。これは、近代以降の合理的な構造システム
の発想に近く、19世紀のクリスタル・パレスや20世紀
後半のハイテク建築と比較しうるものである。

　ビザンチンとゴシックのこうした特徴は、部分の集
合により全体の構成を生み出すいわば「トータル・シス
テム」と呼べるもので、ピラミッドやパルテノン神殿と
いった全体がひとまとまりとなったものとは、異なる発
想に基づいている。

（ 理 性……ルネサンス ）

　前項の幾何学が建築のつくり方と密接な関係があった
とすれば、ルネサンスの幾何学はより美学的、視覚的、
観念的なものであった。ルネサンスは人文主義に基づく
といわれるように、人間の理性に全幅の信頼を寄せてい
たこの文化において、建築もまたきわめて理性的であ
り、ひいては理想を投影したものであった。

　アルベルティ[19]設計のサンタ・マリア・ノヴェッラ聖堂
のファサードは、ほとんど平らな面であり、そこに四角や
丸などの様々な模様が描かれている。それは、大小の正方
形が組み合わされた単純な比例に基づいてできている。

　遠近法の積極的な推進者であったブルネレスキは、そ
の効果がよく現れる立方体をしばしば採用した。立方体
は、縦、横、奥行きの長さが同じプラトン立体であり、
サン・ロレンツォ聖堂やサント・スピリト聖堂では、単位
となる正方形が反復され建物全体が構成されている。

　ルネサンスの合理的な美を洗練の極致に高めたのがブ
ラマンテであった。ブラマンテの代表作であるテンピ
エットは、円筒の上にドームを抱き、そのまわりに円柱
が円形に配されている。単純ながらもとても美しい小品
である。

　万能人と呼ばれた天才レオナルド・ダ・ヴィンチ[20]は、
正円と正方形に接するルネサンス的理想とされる人物

[第2章]……西洋建築史に学ぶ「普遍の美と知」

★19─レオン・バッティスタ・
アルベルティ
（Leon Battista Alberti 1404-72）
ルネサンス初期において建築論、
建築作品を主導した、
万能人としても知られる
イタリアの建築家。代表作に
「サンタ・マリア・ノヴェッラ聖堂
ファサード」。主著『建築論』。

★20─レオナルド・ダ・ヴィンチ
（Le-onardo Da Vinci 1452-1519）
フィレンツェなどで活躍し、天才、
万能の人としてあまりにも有名。
芸術家としてのみならず、
発明家であり、解剖学、植物学など
多くの学問に通じていたが、
建築家や土木工学としての
側面もあった。

053

像で知られる（第4章 p. 66参照）が、そうした世界観を体現するものが建築であった。彼が残した建築案には、主となる大空間の外周に、より小さな空間群が左右対称に配される求心的な構成を持っていることが認められる。

㉟—テンピエット

(変奏……マニエリスム、バロック)

　完璧な幾何学や調和の取れた幾何学に対し、マニエリスムやバロックは、破調の幾何学といえる。

　アンドレア・パラーディオの代表作ロトンダは、求心的かつ対称的な平面を持ち、かつ単純な比例に基づいていた。これは、ブラマンテやレオナルドが志向した、求心的で理想的な平面を持つ建築の系譜にあるといえる（→㉟）。一方で、手掛けた多くの邸宅やその他の建築では、そうした理想的な構成を自在に再編集し組み合わせていた。彼はそうしたバリエーションを生み出す設計手法を開発し、広めることに成功した。

　ミケランジェロは、建築、彫刻、絵画のいずれでも比類ない作品を残したが、自身では彫刻家だと自負していた。若いときの彫刻作品では、ルネサンスらしく調和のとれたきわめてリアルな表現がなされていた。それが年を経るにつれて、身体の各部が誇張された、よりマッシブな人体表現となる。これは絵画や建築においても同様であり、代表的な建築作品ラウレンツィアーナ図書館（→㊱）においては、古典的な比例や建築要素をベースと

㊱—ラウレンツィアーナ図書館

しながらも、それらが変形され極端に肥大化された空間となっている。

　こうしたパラーディオやミケランジェロに見られる、静的な規範を操作、変形、誇張する手法をマニエリスムと呼ぶ。

　ルネサンスの後に表れたバロックは、ルネサンスの調和のとれた静的な構成に対し、動きのあるダイナミックな構成を持つ。バロックの語源が「歪んだ真珠」であるとされるように、幾何学もまた変形され、動きのあるものが求められた。バロックの特徴的な造形のひとつに楕円があるが、楕円とは変形された正円であり、2つの焦点の焦点を持つことが、静的ではない動的な幾何学の好みを表しているといえるであろう。

(近 代 と 現 代 の 幾 何 学)

　近代以降も、幾何学は建築の主要なテーマである。いや装飾を排除した近代建築は、それこそその幾何学的構成原理をそのまま表現とするようになった。ル・コルビュジエ★21の代表作サヴォワ邸では白い四角い建物が宙に浮き、ミース・ファン・デル・ローエ★22のファンズワース邸では、2枚の水平なスラブのみから構成されている。

　モダニズムのシンプルな幾何学にはいくつかの理由がある。宗教や共同体により共有されていた文化的背景がなくなり、歴史的意味・地域性（文脈）が消去された。また合理性、経済性が追及され、今日の感性にあったものが求められた。またモダニズムによるシンプルさへの志向には、起源への遡求や構成の素直な表出（装飾の否定）もあった。

　一方今日では、奔放な形態の実験が見られる。フランク・O・ゲーリー★23のビルバオ・グッゲンハイム美術館やザハ・ハディッドの東大門デザインプラザなどの自在な

★21─ル・コルビュジエ
(Le Corbusier 1887-1965)
作品のみならず旺盛な著作活動を通して世界の建築家たちに大きな影響を与えた、スイス生まれのフランスの建築家・都市計画家、画家。代表作に、「サヴォワ邸」(1935)、「ユニテ・ダビタシオン」(1952)、「チャンディガルの新都市計画」など。主著『建築をめざして』、『ユルバニズム』。

★22─ミース・ファン・デル・ローエ
(Mies van der Rohe 1886-1969)
ミニマルで洗練された近代建築を生涯追求した建築家。ドイツで生まれ、後半生はアメリカで活躍した。代表作に、「バルセロナパヴィリオン」(1929年)、「シーグラムビルディング」(1958年)など。

★23─フランク・O・ゲーリー
(Frank O Gehry 1929-)
ロサンゼルスを拠点とする建築家であり、人目を惹く造形を有した作品群を手掛ける。代表作として、「自邸」(1978年)、「ビルバオグッゲンハイム美術館」(1997年)。

第2章……西洋建築史に学ぶ「普遍の美と知」

幾何学では、新しいアルゴリズムの展開が追及され、それを可能とする設計と施工の新しいテクノロジーが日々開発されている。

5 西洋建築と光

(光とフォルム)

ル.コルビュジエは「光のもとに集められたシンプルな形態の戯れ」と述べ、明るい光の中明快な造形が浮かび上がる様を、建築の優れたあり方とした。この言葉は、モダンズムのシンプルな形態を称賛するとともに、建築における光の重要性を示唆している。

ルイス・カーン★24は、人生後半になってから巨匠の作とされる傑作の数々を生み出した。彼はその前に、エジプトやギリシャを訪問し、強烈な日差しの中濃い影を落とすピラミッドやパルテノン神殿のスケッチを残している。カーンは、この地中海への旅は、ひとつの啓示だったと述べている。

ピラミッドは、エジプトの強烈の日差しの中で、プライマリーな立体が浮かび上がる。アテネのパルテノンは、日差しの中に俊立する白い神殿のフォルムが建築の理想とされ、その後繰り返し参照され続けた。

(光と空間)

古代ローマにおいては、コンクリートの使用により大規模なドーム空間が実現されるようになった。そのことにより、建築における重要性の比重が、その外観の象徴性から内部空間の体験へと移行し、光による空間演出がより重要となった。パンテオン（→㊲）は、正円の平面と球が内接する断面という、完璧ともいえる幾何学的構成を持つ。その空間に立つと、神殿という目的で建てられたことを知らずともきわめて崇高な気分に包まれ、これ

★24—ルイス・カーン
(Louis Kahn 1901-74)
アメリカで活躍した建築家で、詩的かつ哲学的な言説とともに、静謐で精神性の高い建築を生み出した。代表作に「ペンシルヴェニア大学リチャーズ医学研究棟」(1960年)、「ソーク生物学研究所」(1965年)がある。

㊲—パンテオン

こそ「建築の力」だというものが実感できる。そしてそこできわめて印象的なのは、頂部にあけられた丸いトップライトである。時間が止まったかのような空間の中で、外部の変化が唯一感じられる装置であり、そこから差し込む光もまた、きわめて劇的なものである。

(光と信仰)

ヨーロッパの文化には、キリスト教が基層としてある。旧約聖書の創世記には、「神は言われた。光あれ。こうして光があった。神は光を見て善しとされた」とある。西洋建築史の中の多くを占めるキリスト教の教会において、光の効果は極めて重要であった。それは光そのものが、信仰と深く結びついていたからである。ゴシック建築の構造が可能とした、はるか高い位置からの降り注ぐような光は、天からの光、すなわち神を意味していた（→㊳）。

㊳―ゴシック建築

ロマネスク建築のル・トロネ修道院は、薄暗い石造りの空間に差し込む光がきわめて印象的である。この修道院を運営していたシトー会派は厳しい戒律で知られ、余計な感情を引き起こす要素、すなわち装飾やステンドグラスなどを順々に建物から取り除き、最後には石積みの躯体のみが残された。そこには単純な形態と光のみからなる、きわめて美しい空間が生まれた。

(近代の光)

1851年にロンドンで開催された第1回万国博覧会のためにつくられたクリスタル・パレスは、近代建築史の冒頭に置かれている。この温室を模して鉄とガラスでつくられた建物は、内部もまた外部となんら変わるところのない、明るさに満ちた空間であった。これは、建物の内部といえば、石造りの薄暗い室内があたり前であった西洋にあっては、驚嘆すべき空間であり、この建物は博

㊴—ミラノ ガレリア

覧会において大いに人気を博した。当時次々とつくられた巨大な駅舎空間も、同様に鉄とガラスのシェルターで覆われ、またミラノのガレリア（→㊴）、パリのパッサージュ、モスクワのグム百貨店など、天候にかかわらず自由に歩き回れる都市空間が誕生した。このように新しい明るい空間は、近代の到来を具体的な空間体験として人々に提供した。

（ 光と風土 ）

　地域によって光の質は異なる。地中海地域は、空気が乾燥し、日差しも強いので、はっきりとした造形の建物が映える。そうしたギリシャやイタリアの建築は、他の地域の憧れとなり模倣の対象となったが、同じような質のものを実現することは叶わなかった。なぜならそれより北の世界では、光の質が異なっていたからである。簡単に言えば、いくら見事な新古典主義の建築をフランスに築いたとしても、ギリシャやイタリアの日差しの下で見るような荘厳さの効果は望めない。一方で、ドイツやフランスでゴシック建築がはやり、イタリアにも影響を与えたもののそれが成功しなかったのは、ゴシック建築はフランスやドイツのいくぶん曇りがちな気候に合っていたからである。ゴシックは、ゴシック・リバイバルという形で後年イギリスで再解釈されるが、このやはり曇りがちの地ではゴシック様式はとても似合っていた。
強い日差しとは異なる例としては、オランダの光が挙げられる。実際の建築ではないが画家ヨハン・フェルメールによる室内は、常に左手から柔らかい光が差し込み、何とも魅力的な生活の情景が描かれている。

　さらに緯度の高い北欧となると、日光はさらに弱くなり、しかも日射の角度もとても低くなる。日射が少ないため、かえって人々はその限られた光を慈しむように、大切に空間に取り入れている。厳しく長い冬を過ごす

人々にとって、光はまさに希望なのであろう。北欧には光の扱いにたけている建築家が多くいるが、フィンランド建築家アルヴァ・アールト[25]の建築には、採光の方法が見事なものが多い。

　日本においては、谷崎潤一郎の『陰翳礼賛』が明るさではなく暗闇の価値を指摘している。実際、大きな屋根を持つ日本建築の内部は昼から薄暗く、そうした空間のなかで、屏風絵、能、茶道などの文化を洗練させてきた。

（光と現代建築）

　現代建築でも、光を積極的に使っている例は多い。建物の中に光を効果的に取り入れ、劇的な空間をつくる安藤忠雄の場合（小篠邸や光の教会は、ある種従来型の光の扱いである。それ以上に、ガラスや金属などの様々な素材を駆使して、空間の新しい雰囲気を生み出す試みも見られる。例として映像的表現といえるジャン・ヌーベル[26]（〈アラブ世界文化研究所〉（1987年）など）や、建築家が自ら現象学的空間と呼ぶスティーブン・ホール[27]（聖イグナティオス礼拝堂（1997年）など）が例に挙げられる（→⑩）。今日私たちの日常が無数の映像に囲まれる中、建築もその影響を受けざるを得ない。また、日々テクノロジーが進化する中で、私たちの感受性も大きく変わってきており、そのため建築もまたその影響を受け変化をするのは自然なことであろう。

6 西洋建築と表象[28]

　建築は完成するまでその様子がわからないので、設計段階で図面や模型などが活用される。クライアントに案を説明するため、建築家が自ら構想を深めるために、図面や模型は活用されてきた。また、ある時期から工事をする者（施工者）と設計をする者（建築家）の役割が分かれたため、両者の意思疎通のために図面が必要とされた。

★25—アルヴァ・アールト
(Alva Aalto 1898-1976)
フィンランドの国民的建築家であり、有機的建築と称される人間意味溢れる美しい建築を多数手がけた。代表作として「パイミオのサナトリウム」（1933年）、「セイナッツァロの役場」（1952年）がある。

★26—ジャン・ヌーベル
(Jean Nouvel 1945-)
フランスの建築家。金属やガラスなど素材を巧みに用い、未来的とも映像的ともいえる洗練された作品群を手掛けている。代表作に、「アラブ文化研究所」（1987年）、「カルティエ現代美術財団」（1994年）など。

★27—スティーブン・ホール
(Steven Holl 1947-)
アメリカの建築家。独特のフォルムや素材使いにより新しい建築表現を生み出し、特に間接採光など光の扱いに長けている。代表作に「聖イグナティオ礼拝堂」（1997年）、「ヘルシンキ現代美術館」（1998年）がある。

⑩—聖イグナティオス礼拝堂

★28—表象　一般的には、知覚されるイメージのことをいう。ここでは、建築の知覚され方、または建築を伝えるメディア（ドローイング、模型など）など、建築と知覚の問題全般を意味している。

こうした一般的ケースにおいては、図面や模型は実物の建築に対して従属的な関係にあるといえる。

　一方で、建築のドローイングは、時として実際にはない空間についての、建築家のビジョンを表すために用いられることもあった。そうした場合、建築のドローイングは、実際の建築以上の理想を実現し、独特な価値が提示される。

（ 図面の起源 ）

　建築図面の起源は不明である。もっとも古いもののひとつは、エジプトの時代にパピルスに描かれたものである。

　ほとんどきちんとした形で現存するものとしては、中世のザンクト・カレン修道院の図面が今に伝わる（→㊶）。羊皮紙にペンで描かれ、建物の配置がダイアグラムのように簡単に表現されている。

　なぜ古い図面が残っていないかを考えると、まずは保存の問題がある。そもそも私たちは図面というと紙に描かれたものを思い浮かべるが、西欧においてはルネサンス期に中国から伝わるまで、紙そのものがなかった。紙以外の材料に描かれたものは、朽ちるのがさらに早かっただろう。

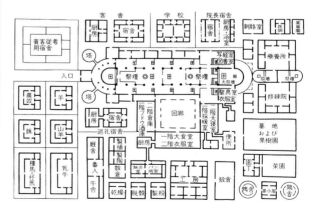

㊶──ザンクト・カレン修道院

一方で、いま私たちが知っている図面は、どの時代にも必要とされていたのだろうか。言い換えれば、―今日でもそうだが―、なぜ図面は必要とされているのだろうか。図面の主要な役割は古今東西大きく分けて2つあり、ひとつは工事するために使われる実用的なもの、もうひとつは依頼主に完成予想図を示すためである。ともに、建築が他の芸術と異なり、完成するまではどのようなものかわからず、多くの人間がその案を前もって理解するために必要とされた。そのため、いわゆるセルフビルドの民家には、図面は必要とされていなかった。また、施工の目的だけの場合は、建物の完成後図面は破棄される可能性が高かった。長い年月を経て残されるには、図面そのものに芸術性その他の価値が見い出せる場合に限られた。

（ ルネサンスとドローイング ）

　建築家が誕生したのはいつだろうか。いま私たちがイメージするような建築家像はルネサンス期につくられたと言える。もちろん、古代から建築を構想し施工するには、専門家＝建築家が必要とされたことは疑いないだろう。パルテノン神殿でも、ゴシック建築でも関わった建築家の名前は残されている。ではなぜ、ルネサンス期に建築家が誕生したと言えるのか。それは、この時期において作家としての名前が重要視されるようになったからであり、それは建築のみならず、絵画、彫刻においても同様であった。

　また、建築家は従来施工も手掛けることが一般的であったが、ルネサンス以降、建築家は構想する人という立場が明快になり、自身の考えを表明するために建築図面の重要性が増した。

　一方で、ルネサンス期にはイタリアに紙の製法が伝搬し、続いて本の印刷、出版も始まる。ダ・ヴィンチ、ミ

［第2章］……西洋建築史に学ぶ「普遍の美と知」

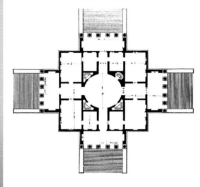

㊷──パラーディオのドローイング

ケランジェロの建築案が残されているのは、その恩恵に負っている。この技術革新をもっとも活用したのが、アンドレア・パラーディオであろう。彼は、自身の建築のドローイング書籍にまとめ、それを広く流通させることに成功した（→㊷）。今日一般的となっている、建築メディアの先駆けと言えよう。パラーディオの建築は、彼の建築書を通じて、実際に現地を訪れたことのない人々にも知られるようになり、遠く離れたイギリスなどでパラーディオ様式の建築が数多く建てられることを促した。

（ イメージとしての建築 ）

パラーディオの例がそうであったように、建築のドローイングはメディアとしての役割を果たすようになる。17世紀、カナレットは、出身地ヴェニスの壮観な風景を油絵に描き、裕福な人々は好んでこれらの絵を求め邸宅に飾った。それは今日の写真の役割を果たしていた。ジョヴァンニ・バッティスタ・ピラネージ★29も、17世紀中ごろローマの古代遺跡や都市景観を版画に描き、こちらは複製可能であったためにより多くの人々が手にするところとなった。当初ピラネージは、そうした実在する、または実在したであろう理想的ローマの姿を描いていたが、後期の連作版画「牢獄」では、想像上の錯綜する迷路のような空間を描いている。これは、まったくの建築家の想像の産物であり、人々のイマジネーションを刺激するものであった。

18世紀中ごろのフランスは、いわゆる啓蒙主義の時代であり、ジャン=ジャック・ルソーといった哲学者が新しい人間像、社会像を模索していた。それらは新古典主義建築といった、古典に倣いながらも自律する建築のあり方にも影響を与えていた。そうした潮流の中で、「幻

★29──ジョバンニ・バッティスタ・ピラネージ（Giovanni Battista Piranesi 1720-78）
イタリアの画家、建築家。ローマの景観描いた細密な版画を多数制作し、続く新古典主義に多大な影響を与える。

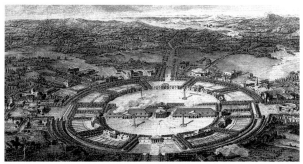
㊸―ルドゥー、ショー製塩工場

視の建築家」と呼ばれるエティエンヌ・ルイ・ブレー★30やクロード・ニコラ・ルドゥー★31といった建築家が登場し、彼らは壮大ながらも単純な幾何学からなる建築をドローイングの中に描いた（→㊸）。こうした自律的な建築は、20世紀の近代建築と準備したと言われている。

(建築理論と建築図書の歴史)

　先に見たルネサンス期における紙の普及と出版の発展は、建築のドローイングの意味を変えただけではなく、建築に関する理論の発展にも寄与した。実際、パラーディオの書『建築四書』（1570年）は、彼の建築理論を系統的に記述するものであった。建築に関する理論の起源としては、古代ローマ時代のウィトルウィウス『建築十書』がよく知られるが、建築家が自身の建築理論やそれ以外の広範な教養までを記した書は、古代ギリシャ時代からあったことが知られている。一方で、建築が理論として体系化され、多くの議論がなされたのは、ルネサンス期からといってよいだろう。アルベルティの『建築論』（1452年）をはじめ多くの建築書がイタリアで著され、それはその後ヨーロッパ各地に広まっていく。

　時代は飛ぶが、近代以降書物の力をもっとも活用したのは、他ならぬル・コルビュジエであった。自我を持つ

★30―エティエンヌ・ルイ・ブレー（Étienne Louis Boullée 1728-99）
18世紀末フランスのヴィジョナリー・アーキテクツの一人で、幻視的なドローイングで知られる。代表作に「ニュートン記念堂」（1784年）など。

★31―クロード・ニコラ・ルドゥー（Claude-Nicholas Ledoux 1736-1806）
18世紀末フランスのヴィジョナリー・アーキテクツの一人で、幾何学的形態を強調した壮大な作風で知られる。代表作に「ショーの製塩工場」（1773-1779年）など。

第2章――西洋建築史に学ぶ「普遍の美と知」

近代人として、建築家は自身の思想を表明することが、
この建築家以降あるスタンダードとなった。

【図版出典】
①―内藤民治『世界実観』第10巻　大正15年
⑤―内藤民治『世界実観』第10巻　大正15年
⑪―塚本高史撮影
⑬―建築学参考図刊行委員会編『西洋建築史参考図集』下
建築学会　昭和6年
⑮―塚本高史撮影
㉘―建築学参考図刊行委員会編『西洋建築史参考図集』上
建築学会　昭和6年　掲載図をトリミング・加工して掲載
㉙―建築学参考図刊行委員会編『西洋建築史参考図集』上
建築学会　昭和6年
㉛―建築学参考図刊行委員会編『西洋建築史参考図集』上
建築学会　昭和6年
㉜―建築学参考図刊行委員会編『西洋建築史参考図集』下
建築学会　昭和6年
㊶―日本建築学会編『西洋建築史図集　三訂版』彰国社、1981年
㊷㊸―フリーライセンス画像
❖特記のないものは筆者撮影

第3章
「ユーザー・オリエンテッド」な空間の尺度

空間の尺度を考えることは、建築を成立させる
様々な諸条件を把握する上で必要不可欠な視点である。
建築は、人が使うことを前提とした
容器であるだけでなく、人と人があつまり、
そこから「社会」「制度」「慣習」といった社会的な形が
「建築」というカタを借りて姿を顕す。
本章では、そういった建築のもつ空間要素を
把握するために、ユーザー・オリエンテッドな視点で、
身体やアクティビティといった最小単位への
理解から始めて、街や都市へといった
スケールへと視野を広げてゆくなかで空間の
尺度を理解する。

........................田島則行

1 身体スケールとアクティビティ

建築の中を人が動き、滞在し、そして空間を活用する。人の身体の大きさ、身体の動き、そして営みを司る様々な活動（アクティビティ）があり、それらを許容するものとして建築がある。

（ 身体スケール ）

かつて、レオナルド・ダ・ヴィンチが「ウィトルウィウス的人間」（→①）において、手をいっぱいに広げた人間の人体比例のスケッチを書いた。これは人の持つ身体的な比例に着目したものだ。

一方、建築を計画するうえでは、人の持つスケールを十分に把握し、身体のプロポーションに合わせてドアの大きさ、天井の高さ、棚の高さ、廊下の幅等々、様々な建築の比例や寸法を取り決める。そして、建築の寸法を考える上で忘れてはならないのが、身体は常に動作を伴うことだ。ドアを開け、階段を上がり、歩き、くつろぎ、休み、あるいは起き上がる。建築がつくり出す場所においては、身体の所作による空間との相互作用があり、身体のスケールと動作が組み合わさって建築の持つ物質としての存在価値が生まれてくる。

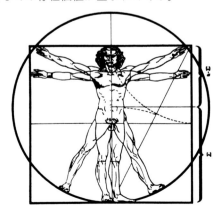

①―ウィトルウィウスの人体比例図
（レオナルド・ダ・ヴィンチ）
レオナルド・ダ・ヴィンチが描いたドローイング。人体が手足を広げ、円に内接する構図となっており、プロポーションの法則や人体の調和を表しているとされている。

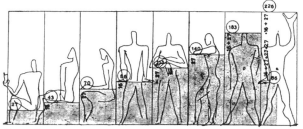

②──モデュロールのスケッチ、ル・コルビュジエ

(姿勢と寸法)

　ル・コルビュジエは、身体の寸法と黄金分割、そして数学的なフィボナッチ数列を融合させたモデュロールという寸法体系を考案した（→②）。これはインチや尺などの身体の大きさに由来する寸法体系とは違い、メートル法を前提としつつも、身体の寸法に調和した比率を導き出し、これを建築や家具などの設計に普遍的に使用できるものとして考えたものである。

　廊下の幅や天井の高さなどの空間のプロポーションは、人々の姿勢とも深い関係がある。立ち姿勢なのか、あるいは座った姿勢なのか、その時々の人の姿勢によって空間の比例は異なって感じることができる。畳の空間が床に正座して使用することを前提としていることから、茶室では天井や窓なども低い位置に合わせてあるが、座った状態では視点も低くなり、相対的に狭さや圧迫感を感じることはない（待庵、千利休→③）。一方、立って使うことを前提とするロビーなどの空間は、立ったままの視点の位置が高いために、相対的に天井を高めに設定する必要がある。

③──待庵、千利休
京都にある妙喜庵にある
日本最古の茶室とされている。
2畳間の広さに天井高が
約1.8mの極小の空間である。

(身体性を伴った行為)

　アフォーダンスという概念は、アメリカの心理学者ジェームズ・ギブソン★1（J.J.Gibson）によって提唱された。アフォードとは、「余裕がある」というふうに訳されることが多いが、ギブソンは、どちらかといえば「許

★1──ジェームズ・ギブソン
（James Jerome Gibson 1904-1979）
アメリカの心理学者。
周辺環境を人がどう知覚しているかを
研究し、アフォーダンスという
新しい概念を取り入れて、
生態心理学という新しい分野を
確立した。

④——Bachelor's Chair、
Hans J. Wagner

容できる」というニュアンスで語っている。これは、モノや環境があるときに、あるものをアフォード（許容）する、アフォード（許容）できる（affordable）という考え方である。回りにとある環境があったときに、椅子があれば座る。本来、椅子の背もたれは背中を支えるためにあるが、その背もたれをジャケット掛けに使ったりすることもできる（→④）。このとき、背もたれは腰掛けることをアフォードすることができるというふうにいう。このように、人間の知覚や、身体的な特徴を考えれば、想定以外のものに対する無意識の適合性をもってアフォーダンスという考え方を捉えることができるだろう。壁に寄りかかったり、窓枠に腰掛けたりと、建築においては、時として当初は想定されていなかったような、様々な人々のアクティビティを受け入れることが空間利用の可能性を広げる。

（ 歩 行・動 き・昇 る・降 り る ）

　歩いたり、上ったり、降りたりするとき、身体の動きにともなって身体寸法や運動原理、あるいは身体感覚に合わせて環境の捉え方が変わる。階段を昇るときには視点は開ける方に向かうため、圧迫感を感じることは少ないが、階段を降りるときは、斜めに降りて来る天井が迫って来るために圧迫感を強く感じる。あるいは、急なスロープを昇るときは、大きく踏ん張りながら膝を曲げ

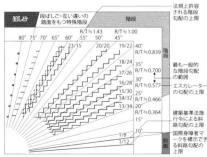

⑤——階段等の勾配と角度

て移動するために、安定した動きとなるが、急なスロープを降りるときは、膝が伸びきってしまい、不安定な動きとなる。

庭園や公園といったランドスケープを歩き回るとき、身体の動きに呼応して、意識は様々な空間的な敷居を体験する。意識と身体は、お互いがそれぞれ刺激し合うような、表裏一体の関係にあるともいえるだろう。

2 空間認知と関係性

「空間」という言葉を使うとき、それは壁と壁の間、天井と床に囲まれた間の「空気」を空間と呼んでいるのだろうか。人は、距離や間合い、閉じた場か開かれた場かを認知し、内と外のつながりを関係づけることができる。そこに伴って身体的な動きや知覚が空間的な認知を形づくる。

(人の認知とは……視覚・聴覚・嗅覚・触覚)

人間は、視覚・聴覚・触覚といった様々な感覚器によって空間を認識する。空間の奥行きや明暗、閉鎖感や開放感といったものは視覚情報によるものが多い。一方、風については呼吸、嗅覚、そして肌に感じる空気の動きなど、いくつかの感覚器が合わさって感じるものでもある。

では、窓が開いていれば開放感を感じるかというと、窓の開け方、窓の位置、開口部の面積、向こう側の風景、明るさなど、複雑な情報が合わさって感じるものであり、空間の認知は、知覚や五感だけでなく、認識としてどう空間が捉えられているかによって変化する。

(空間の認識と包囲光の変化)

前述のギブソンによるアフォーダンスに戻ろう。ギブソンは環境は「包囲光」によって認識されるとした。人

⑥──ブラック・スライド・マントラ
（イサム・ノグチ、札幌大通公園）
イサム・ノグチは彫刻家であるが、直接人が彫刻と戯れたり、あるいは地面の起伏と「人」が関わることで生まれる体験的なランドスケープも構想した。北海道の札幌にあるモエレ沼公園が有名である。

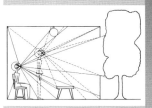

⑦──ジェームズ・ギブソンによる工学的配列の変化

⑧—空間の認識　この図は、小嶋一浩『アクティビティを設計せよ！』（彰国社、2000年）に掲載されている。
学校空間を軸に、アクティビティと建築の関わりをスタディ。

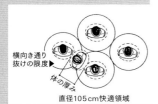

⑨—包囲光と人間の動き、ジェームズ・ギブソン

⑩—人体楕円
歩行者の待ち空間におけるお互いの距離は心理的な状況によって伸縮する。

間は、ひとつひとつのまわりの物質や空間を、それぞれ意味を伴って理解しているというよりは、環境を形成する包囲光を認識し、その変化するものと変わらぬものを知覚するなかで空間が認識されるという。光は様々なものを照らし、その照らされた光が反射して包囲する光として知覚される。そのとき、例えば、顔の位置をちょっとずらして遠くにあるものを見る。ちょっと立ち上がってみる。そして、あるいは移動して見るなど、いくつかの視点をずらしていくことで、包囲光の変化を知覚し、空間を形成する面（サーフェス）およびそのキメ（テクスチャー）の変化や構成具合によって、自分の回りを構成する「空間」が認識される。

　床という面、壁という面、あるいは窓の遠くにつながる地面という面、あるいは、遠近感や親密感など、距離や広さに伴う感覚は、そういった様々なサーフェスがあるだけでは認識できず、例えば歩くとか見上げるとか、そういう行動を人間が起こすことによって、環境に実在する空間の輪郭が浮かび上がり「空間」が知覚の媒質として構成される。

(社会的身体……パーソナルスペースと領域)

　パーソナルスペースという考え方がある（→⑪）。人が、自分の回りの近くをどの範囲まで自分のパーソナルな空間と感じるかどうか、例えば他人が近づいてきたときに、どの距離まで許容できるかなどの個人的なテリトリー（領域）の範囲を示す。広々とした広場では、１〜２mより近づいてくれば、パーソナルなスペースを侵害された気分になるが、電車内やエレベーター内などの小さな空間ではテリトリーは縮小し、50cm以上近づいても許容できる。また、知人に対してはパーソナルスペースは寛容になり、赤の他人に対しては敏感になる傾向がある。

　広場や公共空間では、並んだベンチに座るときには、離れたところからお互いの距離を保ちながら座って行くという傾向が見られる。座っている人が増えるに従って、間の距離は減って行くが、それでも与えられた条件のなかで最大の距離がとれるように知らず知らずのうちに距離感を調整して、パーソナルスペースを維持するように人は行動する。

(箱の解体による内と外の融合)

　建築の空間を構成する要素としては、床、壁、天井がある。地面が土から芝生に、あるいは床がタイルからフローリングに切り替わるだけでも領域の違いは浮かび上がる。壁は明確な空間の分節を行なう。壁を立てることによって向こう側が見えなくなり、向こう側とこちら側は明確に区別され、強固な境界となる。屋根や天井は、日射や雨から守る役割をはたすが、空間的には閉鎖感ももたらすことがある。こういった空間を構成するエレメントをどのように組み合わせるかによって、認知できる空間は変化し、開放性、閉鎖性、あるいは安心感といった感覚的な空間領域を規定する。

⑪──パーソナルスペース
お互いに不快にならないように相手からの距離を無意識のうちに調節する。相手から離れたいと感じる度合いを検証。

[第３章──「ユーザー・オリエンテッド」な空間の尺度]

⑬──落水荘、フランック・ロイド・ライト、平面図

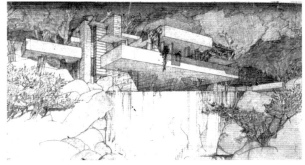

⑫──落水荘、フランック・ロイド・ライト、ドローイング

★2──フランク・ロイド・ライト
(Frank Lloyd Wright 1867-1959)
アメリカを代表し、ミースやコルビュジエとあわせて三大巨匠と言われている。独自の有機的な空間をもつ建築を数多く建築した。日本でも帝国ホテルを設計している。

　その中でも重要な役割を果たすのが、開口部のデザインである。壁に開口部を設けるとき、壁をくりぬくのか、あるいは壁を上から下まで取ってしまうのか、その開口部と回りのエレメントとの取合せによって大きく印象が異なる。落水荘(→⑫,⑬)に見られるように、フランク・ロイド・ライト★2は箱の解体と称して開口部を巧みにデザインして空間の開放感と周辺環境との融和を実現していた。

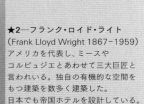

⑭──イプサムの景観シークエンス
地図上や平面図上では止まって見える建物や空間の輪郭も、人々が移動しながら眺めれば、次々とさまざまな光景が展開する。図面上では小さな変化にみえても、三次元空間のなかでは劇的な変化を生み出している。

(視野とシークエンス、記憶と予測、動きと変化)

　人は前側に目や鼻があり、感覚器は前進したときに情報を得やすいように考えていることから、前を見ながら

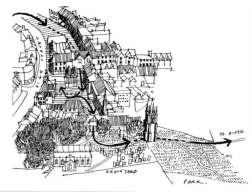

建築のリテラシー

072

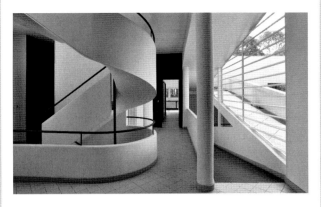

⑮―サヴォワ邸の移動空間のシークエンス
平面の真ん中にスロープが往復して屋上まで上がれるように工夫されており、移動空間を上下するに従ってさまざまな風景が広がる。

移動しやすいようになっている。例えば玄関から入って廊下を抜け、そして広々としたリビングを通してテラスや庭に出会うとき、時間の変化とともに空間の移り変わりを体験することができる。こういった空間の移動にともなう変化を「シークエンス」(→⑭)と呼ぶ。

映画のようにシーンからシーンへと場面が移り変わり、前シーンで体験した記憶と次のシーンへの予測や期待感が合わさり、その過去と未来が交差するなかで「今、現在」が生起しながら空間のつながりを認識する。こういったシークエンスによる空間の知覚は、建築にとって欠かせない視点である。

ル・コルビュジエの「サヴォワ邸」(→⑮)においても、階段やスロープによる移動空間と内外の空間が相互に組み合わされ、移動するにつれて展開するシークエンスが空間的な奥行きをつくり出している。

3 都市と環境

建築を取り巻く環境には、様々な要素がある。街や地域、そして都市の形成においては、いかにして都市は広がり、どのようなルールで形づくられてきたかを認識する必要がある。

（ 建築を取り巻く様々な環境 ）

　建築が建てられるとき、周辺環境を考慮したうえで設計は進められる。都市部においては道路等の公共空間からの接続、隣接する建物との取合いなどを検討する必要があるし、自然に囲まれたような敷地では、地形に配慮してアプローチ空間や建物の基礎の据えつけ方、あるいは開放する方向についても検討が必要である。

　建物が公共的な性格のものか、あるいは個人的なものかによっても、周辺環境との関係性は異なる。同じ住宅でも、地域との関わりを重視した考え方もあれば、近隣から閉ざされたプライバシーを重視した考えもあろう。

　元来、都市においても田舎においても、建築は歴史的にその地域の社会的なつながりが強くあった。ところが、20世紀後半にはプライバシーや個人の権利を優先した考え方が席巻するようになった結果、伝統的な都市環境や街並・景観といったものよりも個人の権利が強く幅を利かすようになり、同時に、建築と地域社会とのつながりが希薄になってきた。

（ 都市の高密度化と郊外の拡大 ）

　都市は様々な建築の集合体であり、住宅だけでなく、商業施設や事務所ビル、あるいは道路や公園、学校や病院、河川や官公庁施設等の都市施設があつまり、高密度な都市環境ができあがる。中世から19世紀あたりまでは、密集した都市環境はかならずしも衛生的とはいえなかった。そういう中で、20世紀以降、人々の暮らしのスタンダードを向上させることが重視されるようになり、エベネザー・ハワード★3による田園都市論（→⑯）が影響力を持つようになった。ハワードは、高密度で土地に余裕のない都心に人が集まるのではなく、都市の外側に新しい理想郷的な暮らしと職住近接の「まち」を構想した。

★3—エベネザー・ハワード
（Ebenezer Howard 1850-1928）
19世紀から20世紀にかけて、重工業化が進むロンドンを目の当たりにし、都市と農村の両方の良さを生かし、人間らしい生活のできる「田園都市」を構想した。ロンドン郊外のレッチワースには、田園都市構想を発展させた住宅街を建設し、後のニュータウン住宅地開発の基礎となっている。

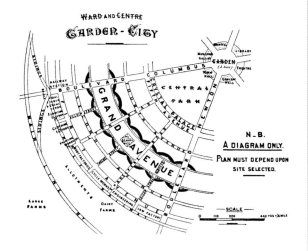

⑯──ガーデンシティ（田園都市）
田園都市論以前は、「都市」および に「農村」というふうに、
都市と田舎の二項対立図式的に捉えられていたが、
田園都市論以降は、自然環境に配慮した街のあり方も配慮されるようになった。

　20世紀も半ばを過ぎると、都市人口の急増による住宅不足を解消するために、都市はどんどん拡大し、住宅を大量供給する時代がやってきた。「郊外」の発展である。都市で働く人たちのためのベッドタウンが生まれ、郊外は独自の文化を形成しはじめる。そして郊外と都心を結ぶ鉄道網や高速道路網などのインフラが整備され、都市圏は拡大の一途をたどってきた。

（ 都市の認識・ノードとパス ）

　ケヴィン・リンチ★4は、1960年に『都市のイメージ』（→⑰）を出版した（翻訳本は1968年）。リンチは、物理的な都市の研究ではなく、むしろ都市に住む人々にとっての都市のあり方、都市の受け止め方を分析するために、ボストン、ジャージー・シティ、そしてロサンゼルスの3都市の調査を行なった。その結果、彼は都市のイメージを次の五つのエレメントに分類した。
1──パス、2──エッジ、3──ディストリクト、4──ノード、5──ランドマーク

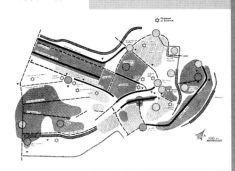

⑰──都市のイメージ、
ケヴィン・リンチ

★4──ケヴィン・リンチ
（Kevin Lynch 1918-1984）
マサチューセッツ工科大学（MIT）にて教鞭をとり、都市の調査や分析を行った。著書『都市のイメージ』（1960年）が、都市を使う人々から見た都市のイメージを解き明かした。

パスは日常的に通過する道筋を示し、エッジは海岸や線路、塀など、通過しない線状のエレメントであり往々にして境界を示す。ディストリクトは都市の部分・エリアを示し、ノードは主要な地点、行動の起点となったり、目的地となりうる焦点を示す。そしてランドマークは建物や看板、あるいは山や塔など、外部から見ることのできる物理的な参照点を示す。それらのエレメントが互いに組み合わされ、共鳴し合って大きな都市を形成する。

(近隣住区理論と都市環境)

日本の都市や住宅街の成り立ちを考えるうえで、近隣住区理論（→⑱）は忘れてはならないものである。イギリスのエネベザー・ハワードによる田園都市論の影響を受けつつも、アメリカにおいて新しい都市や住宅街を計画する方法論が模索されていた。そんなとき、1923年にクラレンス・アーサー・ペリー★5が『近隣住区論：新しいコミュニティ計画のために』(The neighborhood unit: in regional survey of New York and its environs) (1929)を出版した。これは、街の規模、街の単位、そして基本的な考え方を網羅したもので、今日の日本における街の考え方の基礎になっている。

　小学校を中心として3,000〜10,000人を1つの単位とし、中央部に小学校や公園などの公共施設をまとめ、小学生が通える距離として半径400〜500mの距離にエリアを納める。エリアの周辺に幹線道路を通し、近隣店舗は幹線道路側の端に配置して自動車交通が街の中心部に通過しないように工夫している。そして適宜オープンスペースを設けて理想的な街区環境をつくろうというものであ

★5──クラレンス・アーサー・ペリー
(Clarence Arthur Perry
1872-1944)
アメリカの都市計画家、地域計画研究家。ニューヨークにて地域計画を研究するなかで、近隣住区論（Neighborhood Unit）の体系化を行い1924年に発表した。日本の地区計画の基本となる考え方である。

⑱──近隣住区論、
クラレンス・A・ペリー

る。これが基礎となって、日本では「小学校区」という考え方に基づいて、街の単位が計画されてきたことは、十分に理解しておくべきであろう。

〈 スポンジ化する都市の行方 〉

1960年代以降、日本では高度成長期が続き、農村部から都市部へ続々と人口移動が続いた。経済の発展に伴って、会社や工場では人手不足が続き、次から次に都市（特に東京、大阪、名古屋、福岡等）で仕事を求める人たちが集まり、都心は過密となり、さらに住宅地は郊外からその先の郊外にまで広がり、大都市圏が形成されるようになってきた。ところが、都市の拡大と同時に郊外型のショッピングモールが各地で整備されるに従って、車による移動を前提とした商圏が形成され、旧来の駅前や商店街などの利用が著しく減少するようになってきた。こういった古くからの商店は変化する社会ニーズに対応できず、次々と閉店せざるを得なくなり、シャッターを閉じたまま軒を連ねる「シャッター街」が社会現象となった（→⑲）。

⑲──シャッター街の写真、熱海2013年

そういった中で、人口減少のあおりを受けて広がり続けた郊外の成長が止まり、今後は活気を維持できる街とできない街の格差が広がっていくことが予想されている。都市が一様に発展したり荒廃したりするのではなく、それぞれの場所の諸条件に応じて人口が減ったり持ち直したりするという都市の「スポンジ化現象」が起こり始めている。さらに、すでに広がってしまった都市施設の維持管理の負担は大きく、道路や電気やガスのインフラのメンテナンスコストが地域行政の財政負担に重くのしかかる。

⑳──ファイバーシティ（大野秀敏）
東京大学大野秀敏研究室の提案。縮小時代の都市ビジョンとして、鉄道網を中心としたまちのコンパクト化と緑地化と、緑のネットワークなどによる都市の再編を示している。

その1つの解決方法が、コンパクト・シティと呼ばれている考え方である。これは欧米で提唱されてきた概念で、都市の中心部に人々の生活環境を整え、自動車に頼らずに、徒歩や自転車、あるいは公共交通機関による移

動によって、活気と利便性をそなえた都市のコンパクト化を指している（→⑳）。

（ リノベーションまちづくり ）

　都市が郊外へと広がろうというベクトルを止め、再び内向きに転換して都市を活かしていくことが重要とされている今日、様々な市町村がこのコンパクト・シティに取り組みはじめているが、実際には郊外に住んでいる人たちを再び都市の中心部に呼び寄せるのは難しい。生活基盤を支える商業や店舗などは、大資本による大規模物流の時代を迎えており、車社会においては、郊外の幅広の幹線道路付近に整備された巨大ショッピングセンターに人が集まるため、土地が高く駐車場の利便性も低い都市部に再び賑わいが取り戻すにはまだまだ解決しなければならない問題が多い。

　こういった中、2000年代から徐々に大きくなってきたまちづくりの潮流がある。都心部で使われなくなった建物に着目し、これを都市における空間資源と位置づけ、その空間の特徴を最大化しつつ、そこに集まる人や知恵を集約して、街に新しいコミュニティと事業の展開を同時的に活性化させる「リノベーションまちづくり★6」という手法である。この特徴は、都市計画的な行政主導の動きではなく、あくまでも地域の人脈や空間資源に密着し

★6―リノベーションまちづくり
建物単体をリノベーションし、そこを活動の拠点として発展させていくことで、街づくり活動を顕在化させ、結果として地域の活性化につながる手法である。

㉒―復長野県善光寺にあるボンクラ内部

㉑―長野県善光寺にあるボンクラ
長野県善光寺では、2000年代後半から建築家の広瀬毅らによって進められてきた街づくり活動が活発化している。古い空間を再活用して行っている。ボンクラが運営するカネマツ（写真）は蔵が3つと平屋（旧ビニールシート加工工場）があり、カフェ・古書店、シェアオフィスとして利用されている。

た「スモールエリア」という小さな範囲に限定することで、局所的に人の賑わいを取り戻すことができる点にある。

　従来の都市計画的な視点では地域を「面」で捉えて広域政策を重視してきた。一方、このリノベーションによるまちづくりでは、面よりも「点」を重視しており、その点と点がネットワークを形成することによって広域に影響を与えようとしている。今日、様々な土地の権利や人のしがらみが複雑に入り組んでいる都市においては、旧来の都市計画的なやり方では、エリア全体を解体撤去して再開発するような手法となり、数十年というあまりに長い時間を要してしまう。なおかつ、人口減少という右肩下がりの衰退局面においては、再開発後の収益性を約束できない情勢にあることを考えれば、リノベーションまちづくりの方法論においては、1つの活性化がさらに人を惹きつけて新しい活性化を生み出し、それらが連鎖して面的なエリアの発展につながるという意味では、局所的な戦略のほうがより効果的な都市の活性化が可能になるであろう。

㉓──名古屋、円頓寺商店街の活性化
名古屋駅北東にある那古野地区にある円頓寺商店街は空き店舗が多くあったが、2009年に若手商店主やクリエーター、建築家らが集まって「ナゴノダナバンク」を結成、一つ一つの店舗をていねいにリノベーションした結果、商店街全体だけでなく周辺の那古野地区の界隈全体が活性化されていった。

4　住まうことの器（住宅）

家族の社会的な位置づけの変化に合わせて、住まうことの意味や形が変わってきた。社会や形式を重んじた時代から個とプライバシーを重視する時代が到来している中で、従来の形式を超えて、住まう行為を社会とつなげる住宅のあり方が求められている。

（住まいという形式、伝統住宅からモダンリビングへ）

　そもそも住宅というものが、個人個人の趣向によって自由に設計されるようになったのは、20世紀の後半になってからである。かつては、住宅は形式的につくられ

ており、世界各地の伝統住宅は、それぞれの土地の持つルールに従って建てられてきた。

　各地域で手に入れやすい材料、その材料を使った伝統工法によって建て方が決まる。西欧ではレンガの組積造で建てられ、日本では木材による柱・梁構造によって建築されてきた。

　もうひとつの形式的な要素は、各地における住宅をめぐる考え方の違いである。たとえば来客をどのように扱うか、あるいは家の主人は誰であるか、あるいは親戚も含めた住居なのか3世代が住む家なのかなどについて、その地に長年に渡って引き継がれてきた社会的な慣習に従って、各地の住宅は異なった形式の建て方となっている。

　かつて、日本では、客間のほうが家族の暮らしよりも優先されおり、客間は家の一番良い場所に設置され、オモテ向きの家の玄関は客用とされていた。あるいはイギリスにおいては、テラスハウスの1階に設けられるのはレセプションという客を出迎えるための部屋であり、2階に設けられたシッティング・ルーム（今のリビング・ルームに近い）とは区分けされて使われてきた。

　明治から大正、そして昭和へと西欧化が進む中で、日本の住宅は西欧的な考え方を取り入れ、「オモテ」の客

地階平面

2階平面

3階平面

㉕——堀口捨己、若狭邸
1939年に建てられたモダン住宅の先駆けの一つ。従来の和室の間取りに洋風の外観を纏わせたものではなく、リビングとダイニング、寝室、屋上庭園などで構成され、外観はシンプルな近代的デザインとなっている。

㉔——堀口捨己、若狭邸

間と西欧のレセプションとが融合し、和式の住宅の玄関
横に西欧風の「応接間」が設けられた和洋折衷の住まい
方が一般的になっていった。そして1930年ごろになる
と西欧での近代建築の台頭と時を同じくして、一部の先
進的な日本の建築家によって本格的な近代の実験住宅
（→㉔, ㉕）が建てられるようになった。モダンリビングの
始まりである。

（家族と社会、パブリックとプライバシー、オモテとウチ）

　住宅を考える際に、家族という形の変化にも目を向け
よう。19世紀以前では社会的な序列が強く作用してお
り、身分の違いだけでなく、家族の中でも父親という絶
対的な家長を中心とした「○○家」を象徴する「家」とし
て扱われていた。「家」は社会的な体面を重視して、家
族は家の運営を取り仕切る組織として「ウチ」もしくは
「裏」で家を支えるように機能する。家族の構成メンバー
の個人個人のことよりも、その「家」という格式が何に
もまして重視された時代である。その時代の住宅はこの
「オモテ」に対する部分と、「ウチ」というオモテを支え
る部分に分けられており、オモテは南側で庭に面した畳
の間であり独立した玄関を持つ。ウチは北側に面した厨
房や土間の横で囲炉裏を囲んだ板の間としてはっきりと
区分けされていた。

　第二次世界大戦後には、民主主義の台頭とともに、
「自律した個人」と民主主義的な「家族」像が一般化する
ようになってきた。個人のプライバシーが尊重されるよ
うになり、家族内の上下関係が徐々に薄れ、核家族が一
般的な家族の形態として当たり前の時代になってくる
と、「家」の序列よりも、民主的な「家族」による近代的
な住まい方が一般化し、家族間の平等が重視されるリベ
ラルな風潮が徐々に芽生えてきた。そういう中で、「個」
のプライバシーが重視されるようになり、自分の部屋を

［第３章］……「ユーザー・オリエンテッド」な空間の尺度

㉖——日本の伝統住宅における表と裏

与えられる子どもが一般的になってくる。部屋はリビング・ダイニングを中心としたモダンリビングに切り替わり、和室は客間というよりは、予備室的な扱いで急な来客用の寝室にも客間にも使えるような、多目的な部屋としてリビングに併置されるようになってくる。

西欧の住宅では、家族を重視したモダンな住まいとしながらも、リビング・ダイニングには、かつてのレセプション的性格が色濃く残り、友人を招いたり、ホームパーティを開いたりと、住宅のなかでも、リビング・ダイニングは社会に開かれたパブリックな場として認識されており、調度品をていねいに選んで人を招くことを前提に設えられることが多い。

日本の住宅では、社会に対する体面を要する客間的な要素が徐々に消え去り、日本の各地方の住宅事情にもよるが、土地が高い都市部では「家」は家族の日常生活を支えるものであり、客をもてなす空間は用意されなくなってきた。一方、土地に余裕のある地方ではかつての客間的な別室が用意されている地域もまだ多くあるとはいえ、親戚や地域の隣人を招くような社会的なイベントはどの地域でも徐々に減ってきている。

(独立する家族たち)

高度成長期になると大都市では人口が集中して土地の価格が高騰して、土地の細分化と「個」の独立が同時に起きてくる。都心部においては、隣人との交流も希薄になり、隣に誰が住んでいるかもわからなくなってくる。職住近接であった時代から変わり、大量のサラリーマンが毎朝都心に移動し、通勤ラッ

㉗——団地の見究

シュで疲れ果ててベッドタウンに帰ってくる時代となった。マンションなどの集合住宅が一般化し始めると、集まって住んでいるにも関わらず、地域のつながりは徐々に忘れ去られ、しまいには隣の人に挨拶することもなくなり、押し売りを嫌って、過度なプライバシー重視から表札に名前を出さないことが一般的になった。

㉘─塔の家（東孝光、1966年）

1966年に建てられた東孝光★7の「塔の家」（→㉘）は、皮肉にも都市計画道路によってぶった切られた余白の三角形の敷地に建てられた狭小住宅である。狭い敷地を目一杯有効に使ってコンクリート造で巧みに設計され、小さいにも関わらず、都市に孤高に立ち上がっているようでいて、一歩、家の中に入れば、個室はなくすべての部屋はつながっている構成になっている。それは、見方を変えれば、「個」の独立よりも「家族」のつながりが優先されている結果ともいえる。

一方、大阪に建つ安藤忠雄★8の「住吉の長屋」（→㉙）は、かつての長屋街の土地に建てられており、長屋でありながら、隣との関係を一切建ち、唯一、空に対してだけ開かれた住宅である。周囲はすべてコンクリートの壁が立ち上がっており、回りに対しては閉ざすが、各部屋はその中庭に向かって開かれており、各部屋の移動はその中庭を通過しなくてはならない。その中には上に広がる「空」を通して四季や自然、あるいは太陽の移り変わりと出会うことが可能となり、結果的に、都市の中の小さな空間で自然とともに暮らすミニマムで独立した住環境が出来上がった。

★7─東孝光
（あずま・たかみつ　1933-2015）
建築家、大阪大学名誉教授。
千葉工業大学教授も務めた。
コンクリート造の狭小住宅「塔の家」を設計し、その後多くの建築を設計した。

★8─安藤忠雄
（あんどう・ただお　1941-）
大阪出身の建築家、一級建築士。
建築の専門教育は受けずに独学で建築を学び、一級建築士を取得。
「住吉の長屋」にて建築学会賞を受賞。
その後、世界的な建築家として活躍している。

㉙─住吉の長屋（安藤忠雄、1979年）

［第3章］……「ユーザー・オリエンテッド」な空間の尺度

㉚——岡山の家（山本理顕）

★9——山本理顕
（やまもと・りけん　1945-）
日本の建築家。工学院大学、
横浜国立大学、日本大学で教授を
務める。代表作に
「GAZEBO」、「埼玉県立大学」
「公立はこだて未来大学」等がある。

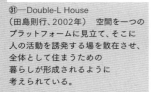

㉛——Double-L House
（田島則行、2002年）　空間を一つの
プラットフォームに見立て、そこに
人の活動を誘発する場を散在させ、
全体として住まうための
暮らしが形成されるように
考えられている。

（ 行 為 が つ な が る 住 宅 の 可 能 性 ）

　住宅のプランを考えるとき、壁や開口部を考えるのではなく、その間の空間を捉え直すことで、住宅のプランのあり方がかわる。山本理顕★9が設計した岡山の家（→㉚）では、廊下は存在せず、大きな庭のようなところに個室や水回りなどの機能をもつ部屋が散在している。そこでは、個と社会、そして家族の関係が再構成されている。

　Double-L House（→㉛）においては、住むための行為をそれぞれ独立させ、個室はつくらずに、それぞれの行為と行為をつなげるように空間を構成した。このことによって、従来の部屋名や機能に偏らない選択性のある自由度の高い暮らしをつくり上げることを試みている。

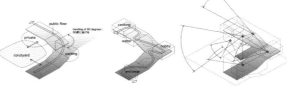

5　コミュニティとまちなみ

　人と人がつながり、街が出来る。建築が街と人のインターフェースとして機能することによって、コミュニティや街並、賑わいや活気につながってゆく。

【井戸端から境内　アゴラからフォーラム、ピアッツァまで】

　一軒の家が隣の家と並び、それが増えて集落になり、そして街になる。隣の家同士で声をかけ合い、助け合いながら暮らしていたものが、集落や街になるころには、そのコミュニケーションの方法も変わってくる。

　最初は、毎日、井戸に水汲みに行くたびに話を交わしたり、あるいは玄関先で通りがかりにコミュニケーションしていたものが、村や町といった自治体、あるいは自治会として組織的な体制が整うようになってくると、人々が一箇所に集まれるような公共性を帯びた空間が必要になってくる。日本では、集会所や神社の境内などが人々の集まる場所であった。あるいは、古代ギリシャで遡れば、アゴラと呼ばれる広場があり、そこに人々が集まり議論をし、コミュニティだけでなく、学問や政治の議論が活発に交わされて「社会」というものが形づく

㉜──イタリア・シエナのカンポ広場
ギリシャ時代には「アゴラ」(agora)、ローマ時代には「フォーラム」(forum)、イタリアでは「ピアッツァ」(piazaa)、アメリカでは「プラザ」(plaza)。どれも「広場」の意である。

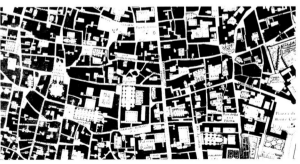

㉝──ジャンバチスタ・ノリによるローマの地図（1748年）

られてきた。古代ギリシャでは、その広場は「フォーラム」と呼ばれ、今日でも人が集まり議論するような会をフォーラムと呼ぶのはご存じの通りである。

　今日でも街や都市を考えるとき、道路や街路空間を移動のためのインフラとして捉えるだけでなく、コミュニティや社会を形づくるための大切なものとして捉えることが重要である。そこに住む人々が互いに向き合い、集まり、そして帰路につくように、コミュニケーションや社会的なやり取りを育むようにつくられており、都市を構成する建築もまた、その都市的な役割を果たしつつ街並を構成している。

（ 縁側から広場へとつながるコミュニティ ）

　建築には、その社会的な役割に応じた構成がとられており、ケヴィン・リンチがパスやノードと分析したように、建築にも外部の社会や都市とつながる役割を持たされた場所がある一方、逆に都市から切り離された個室のような空間もある。

　一般にそういった空間の性格づけの違いを、パブリック（公共的）な空間とか、あるいはプライベート（個人的）な空間と表現することがある。あるいはもう少していねいにみると、外部の人間と内部の人間が出会うことを想定した空間が玄関であり、玄関の敷居を超えて入るときにその外から内へと境界を超えて入るのだが、内に入ってもそのパブリック／プライベートな領域の濃淡はあり、応接間やリビングなどは比較的パブリック性の高い場所として位置づけられている。

　伝統的な日本家屋には土間と縁側があり、上記のような近代的なパブリック／プライベートの二項対立図式とは異なった豊かな中間領域をつくり出していた。土間は厨房や囲炉裏のある生活空間は「ウチ」であり、玄関や座敷は「オモテ」として機能し、オモテとウチが、その

㉞—L-Court Houseの中庭と縁側（田島則行）　縁側は中庭に面しており、家の中心に位置付けられている。その中庭は大きな引き戸で道路へと解放することができることから、町と家の結節点としても機能する。

㉟──旧吉田家住宅の縁側

時々の使い方によってフレキシブルに対応するような住まい方である。縁側は客間や座敷等の空間と庭の間に配置され、外から来る人たちをもてなす場でもあり、内と外の間に位置することによって、社会と交わる場でもあった。

建築家・槇文彦★10によって設計された「代官山ヒルサイドテラス」(→㊱)は、こういった街と建物の関係を現代流に編み直した建築である。道路と敷地という区分けにこだわらず、道路から敷地内へとつながる小さな街路や広場を配置して人々が行き交ったり、立ち止まったりする空間が巧みに編み込まれている。それはシークエンスによる徐々に展開する風景が散策する楽しさをつくり出すだけでなく、建築の内部と外部を穏やかに摺り合わせる役割も果たしており、街とのつながり方を重視した建物といえよう。

★10──槇文彦
(まき・ふみひこ　1928-)
世界的に著名な建築家。東京大学やハーバード大学でも教鞭をとった。代表作に名古屋大学豊田講堂、ヒルサイドテラス代官山、青山スパイラルビル、幕張メッセ等がある。

㊱──代官山ヒルサイドテラス
(槇文彦設計)

[第3章]「ユーザー・オリエンテッド」な空間の尺度

(街とつながる建築のあり方)

　今日、住宅の形式は「個」の空間を尊重し、プライバシーを重視したつくりとなっている。そして新しいタワーマンションなどは、街とのつながり以上に防犯やセキュリティを重視するあまり、オートロックを利用して人以外を排除するような玄関のつくりになってきており、ますます「個」の空間は街から切り離されてしまっている。これは、実は都市の構造そのものにも影響して

㊲──AURA243 多摩平の森、
ブルースタジオ設計
1960年代に建てられた公団住宅
「多摩平団地」をリノベーションし、
菜園付き賃貸共同住宅として再生。

㊳──ホシノタニ団地、ブルースタジオ設計　鉄道会社が所有していた
駅前にある団地のリノベーションである。一階部分を街に開き、菜園や
ドッグランもふくめて人と街がつながる広場と見立て、団地全体を再生した。

おり、近隣に関わらない住民が増えることによって街はそのつながる場としての役割が低下し、相互に見守るような歴史的な防犯意識の低下によって結果的に街のセキュリティが低下してしまうようなことが起きている。

　こういう中で、あらためて社会と個の関係を捉え直す動きがある。例えば団地を始めとする集合住宅の形式は、北側からアクセスし、南側に開かれた構成になっているが、アクセスする方向と開かれた方向が違うため、各住戸と外部空間、あるいは、各住戸同士のコミュニケーションを取り難い構成になっている。それを解消するために、団地の周辺区域との柵を取り払い、団地と周辺地域の垣根を取り払い、1階部分を団地の共有スペースとして、南側からもアクセスできるようにすることで、個と街がつながる接点が形づくられる。これは、プライベートに閉じこもらない「個」の暮らしを創出する一方で、街につながる建築の可能性を広げるものである。

（ 近接性による近隣関係の解体と
　エリア・マネジメントの発展 ）

　近接性（となり近所であること）がかつてはコミュニティの第一条件であった。まずは両隣とお向かいさんに挨拶

をし、その近隣と仲良くすることが、そのコミュニティの一員になることと同義であった(向こう三軒両隣)。そこでは、生活の中の自然な交流や町内会での活動に参加し、相互扶助や助け合いが基盤となった街の暮らしがあった。

ところが、「個」とプライバシーを重視した建築のつくり方が普及し、あるいは電車やバスや自動車によって通勤や通学を行い、自宅の近隣関係を通り越した先にある職場や学校に通うようになると、となり近所でわざわざ交流するきっかけが失われてしまった。さらに、インターネットの発展によって趣味や興味などの共通項によって、場所に関係のない人と人のつながりやコミュニティが当たり前となってきており、そこでは、近隣(距離が近く)であることはあまり重要ではない。

エリア・マネジメントという言葉が重要性を増してきている。住民が相互に交流し集まるための場づくりや機会づくりを行うことである。かつては、生活習慣のなかに四季折々のイベントがあった。今日では、市民活動を誘発するための仕掛けとしてエリア・マネジメントがあり、イベントを企画したり、交流会を催したり、あるいは街のメンテナンスを協働で行うなど、住民たちが自発的に街に関わる機会を設けることによって、相互の交流を行い、新しい関わりをつくり出すことにある。こういった試みは徐々に全国的に増えており、コミュニティづくりは新たな局面を迎えている。

㊴、㊵——袖ヶ浦団地活性化プロジェクト
2015年より千葉工業大学の田島研究室を中心に取り組んできた街づくりプロジェクト。

6 住まい方の広がり——共に住まう

住まうことの価値は大きく変わり始めている。コミュニティが当たり前にそこにあった時代から、コミュニティは自らつくり出す時代に変わり、共に住まうことの可能性が広がりはじめた。

㊶──竣工当時の袖ヶ浦団地
千葉県習志野市の東京湾岸の埋立て地に立つ2990戸の大規模団地（1967年竣工）。竣工当時はモダンな外観とゆとりある外構で人気を博す、RC造5階建てが全69棟並ぶ。

㊷──カスタマイズ賃貸（メゾン青樹）
無個性な白い壁紙に張り替えてから入居者を募集するのではなく、入居者を決めてから好みに合わせてからリノベーションを行ったり壁紙を選んだりと、カスタマイズ可能な賃貸住宅の先駆的な取り組み。

★11──ニコラス・ジョン・ハブラーケン
（Nicholas John Habraken 1928-）
オランダの建築家であり、アメリカのマサチューセッツ工科大学の名誉教授。建築の建設から利用に至る過程を論理的に分けて考えた「オープン・ビルディング」として理論化した。

（ 自分流の暮らし方の模索 ）

　かつて、高度成長期には大量に住宅を同時供給することが重視され、また、生活のスタンダードを向上させることに主眼があり、個々の生活スタイルの違いはそれほど考慮されてこなかった。集合住宅や団地は同じ広さ、同じ間取りであり、少々違ったとしてもベッドルームの数が違うとか、家族構成に応じた違い程度であった。
　ところが大量供給の時代が一息つき、生活も豊かになって来ると、それぞれの個性に応じた暮らし方やスタイルを追求されるようになってきた。一戸建て住宅や集合住宅においても、それぞれが様々なスタイルの住宅が建設されるようになってきた。

（ コーポラティブ・ハウスとスケルトン・インフィル ）

　一戸建ての住宅であれば、モチベーションに応じて自由に設計を進めることは特に問題はないが、個数が数十から数百になる集合住宅ともなれば、設計や作業が煩雑になってしまうことから一戸一戸をそれぞれ個別に設計するのは難しい。そこで、集合住宅における設計の自由を発想したのが、「スケルトン・インフィル」の考え方であり、コーポラティブ・ハウスという集合住宅の形式である。
　ニコラス・ジョン・ハブラーケン★11は、建築を大きな時間軸に合わせて捉え直すべきだと考えており、彼の考えにおいては、ティシュー（組織）が都市や街を示してお

り、次に建物としてはスケルトン（サポート）が骨組みや構造を示す。そして最後にインフィルが内装や設備を示し、これら3つのレベルに合わせた時間軸の考え方が大切であると提唱していた。ティシューは長い時間軸で考え、スケルトンは建物の構造は半ば恒久的な耐久性で考

㊸―未来型実験住宅NEXT21（大阪ガス）
1993年に大阪ガスが建設した実験住宅。構造躯体と住戸の壁や内装を分離して設計の自由度を確保すると同時に、住戸の変更更新が容易にできるように考えられている。
設計＝集工舎建築都市デザイン研究所／無有建築工房ら。

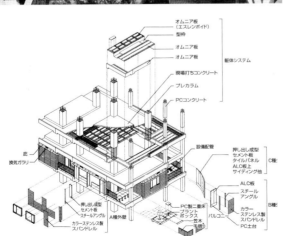

㊹―未来型実験住宅NEXT21（大阪ガス）

慮し、インフィルは生活や暮らしの変化に合わせて改装していくようなイメージで捉えており、特にインフィルにおいては個々の個性や考え方、あるいは家族構成の変化に応じたフレキシビリティに重きを置いていた。

　一方、コーポラティブ・ハウスは、集合住宅に自由設計の良さを盛り込んだものであり、構造体のスケルトンの部分がいわば一戸建てにおける「敷地」のような役割をはたし、その上に自由に住宅を設計することができる仕組みである。建物を建てる前に住民組合を設立し、その組合が母体となって建物を発注して、個々の住宅の設計は個別に行う。こういった形をとることによって、集合住宅でも各戸がそれぞれ一戸建てのような個別対応が可能になった。しかし、住民組合が任意の集まりであることから、発注母体の不安定さから途中頓挫するようなケースもあり、住民相互の関係をつなぎとめるファシリテーションの果たす役割が大きい。

（個とパブリックの再編、シェアすることの可能性）

　4節で述べたように「個」と社会の関係が変化していることから、住まい方に求めるものがプライバシーや安全を重視しすぎる傾向が強くなった。結果的に近隣関係や近所付き合いが希薄になってきて、社会の中で育まれて

㊺──リビタ・シェアプレイス行徳の共有スペース
株式会社リビタは2005年に設立され、使われなくなった社員寮などの建物をシェアハウスへとリノベーションを行う先駆け。多くの「シェアプレイス」を手がけている。

㊻―LT城西、成瀬・猪熊建築設計事務所　各個室は13㎡で合計13戸であるが、各戸10㎡超を共有スペースとすることで、合計で150㎡近くの豊かなシェアスペースを確保している。2階の個室部分を1.8mのレベル差を設けることで、1階から中2階にかけて立体的な構成になっている。

いたはずの相互扶助や助け合いの暮らし方が崩れ、孤独や孤立が問題になってきた。

　特に80〜90年代以降に生まれた世代においてはその傾向が強く、そういった社会的なつながりの薄い時代に育ったことから、逆にコミュニティに対して新鮮さを覚えるような傾向がある。人と人のつながりの希薄さを埋めるべく、積極的にボランティア活動やイベントや活動に参加することによって、社会的な自分の立ち位置を再発見したりするような傾向も見られる。そういう中で、シェアハウスやシェアオフィスといった、「シェア」することによる新しいつながりを重視したライフスタイルが台頭してきた。

　それは、同時に空き家や空きビルといった少子高齢化による人口減少によって使用されなくなり余っている古くからの建物、つまり「空間資源」を活用するのが有効な手段である。不動産的な機能性や魅力が乏しい建物でも、複数人数が共同で使用することによって新しい活用方法を見出せれば、「シェア」することによる利用の最大化がはかれる。こういった経済的な理由、社会的な理由、そして個人的なモチベーションによってシェアする

［第3章］......「ユーザー・オリエンテッド」な空間の尺度

ことの可能性が広がり始めた。

　住宅の複数人数で利用するシェアハウスにおいては、共同で使えるリビングルームや水回り設備をたっぷりと大きめにつくることによって、通常の一人暮らしでは不可能なレベルの設備や広さにすることができる。たとえ個室は相対的に小さめだったとしても、その他の使えるスペースに余裕があるために、より豊かな暮らしが可能になる。たとえばシアタールームを設けたり、ビリヤードスペース、あるいは屋上テラスやバーベキュースペースなどもできる。さらに、ある程度趣味や趣向を重視したつくりにすれば、自転車好きが集まるようなバイシクル・ガレージの充実したシェアハウスもできる。

　共同生活によるトラブルなども懸念される向きもあるが、一般には、共同で生活することによる社会的な視線、社会的な抑制が働いて、より安心・安全な場となることが多いと考えられる。

(DIYと住まいづくりへの参加)

　実のところ、家や住まい方を自由に設計できるという発想が一般的になってきたのはごく最近のことである。かつて服がその人の社会的な位や立場を示していたように、家も社会的な規範のなかで形式的な位置づけがされており、その人の身分や地位に応じた家の形があった。そのため、玄関は玄関らしく、台所は台所らしく、それぞれが社会的な規範に沿ったものであることが重視されてきた。

　ところが20世紀後半から徐々にそのタイポロジーが崩れ始めて個々の消費欲求が台頭してきていたが、一部の注文住宅を除けば、個々の趣向に合わせて住まいをデザインするという考えはすぐには一般化しなかった。しかし、建物が古くなり、中古の住宅が一般的になるに従って、それを単純に新しく内装をやり直すだけでは個

㊼、㊽——袖ヶ浦団地・学生によるDIYリノベーション
千葉工業大学田島研究室で取り組んだDIYリノベーション。URの規定に合わせて現状復帰が容易なよう配慮しつつ、各学生の個性に合わせた内装になっている。

建築のリテラシー

㊾──Cada Dourada、宮部浩幸（speac）設計
マンションの4階にある住戸のリノベーションである。2DK＋和室の間取りの間仕切り壁を撤去し、その代わり金色のボックスを適宜分散配置することにより、空間を分節しつつ気配が感じられるように配慮されている。

人個人の趣向性をみたせず、特に賃貸住宅においては、退去時に原状復帰をしなければならなかったことが足かせになってきていたが、徐々に住空間の「カスタマイズ」という考え方が生まれてきた。壁紙を自分流に張り直すことを推奨する賃貸住宅のオーナーも登場し、今では、全国規模で団地を管理する都市再生機構（UR）でさえ、DIY（Do It Yourself）によるカスタマイズ化を許容するようになってきた。これは、全国各地に工具や建材を気軽に購入できるホームセンターが普及したことで、バラ売りでも改装ツール手に入れられるようになったことも大きい。また、かつてはプロの設計したものをそのまま受け入れていたのが、徐々に住空間に対するリテラシーも向上し、プロの建築士やデザイナーよりもむしろ高いセンスをもって自分の趣味でDIYを行える人が増えてきたということもある。

（リノベーションという可能性）

リノベーションという言葉が普及して久しい。リフォームが仕上げや設備の更新を示していたとすれば、リノベーションは建物の使い方やポテンシャルを活かして刷新することを意味している。古い建物の持つ様々な

【図版出典】
②──ル・コルビュジエ『モデュロールⅠ』（吉阪隆正訳）SD選書鹿島出版会、1976年
③──撮影＝村沢文雄
④──The Valet Chair、Hans J. Wagner, Christian Holmsted Olessen "Hans J. Wegner Just One Good Chair" Hatje Cantz, 2014
⑦、⑨──James J. Gibson "The Ecological Approach to Visual Perception" Houghton Mifflin Company, 1979
（古崎敬ら訳『生態学的視覚論』、サイエンス社、1985年）
⑩──John J. Fruin "PEDESTRIAN Planning and Design" Metropolitan Association

of Urban Designers and
Environmental Planners, 1971
⑪—高橋鷹志ほか『環境行動のデータファイル』彰国社、2003年
⑭—Gordon Cullen
"The Concise TOWNSCAPE"
Architectural Press, 1971
⑮—写真＝建築マップ
http://www.archi-map.jp
⑯—Ebenezer Howard "GARDEN CITIES of To-Morrow"
Swan Sonnenschein & Co., 1898
⑰—Kevin Lynch "THE IMAGE OF THE CITY" The Massachusetts Institute of Technology, 1960
⑱—クラレンス・A・ペリー
『近隣住区論』(倉田和四生訳)
鹿島出版会、1975年
⑳—大野秀敏＋MPF『ファイバーシティ—縮小の時代の都市像』
東京大学出版会、2016年
㉔—『堀口捨己の「日本」空間構成における美の世界』彰国社、1997年
㉕—撮影＝渡辺義雄
㉖—佐藤功一「友人某氏の住宅」(『建築工藝叢誌』第21冊所収、1913年)
㉗—大山顕『団地の見究』東京書籍、2008年
㉘—撮影＝村井修©
㉙—撮影＝彰国社写真部
㉚—撮影＝大橋富夫
㊳—小田急電鉄
㊶—『袖ヶ浦50年史よ』
袖ヶ浦連合町会、袖ヶ浦公民館地区学習圏会議、2016年
㊹—撮影＝彰国社写真部、
図の提供＝大阪ガス
㊻—撮影＝西川公朗

㊿—eism Wall/Box/Wrap/Float(田島則行、2008年)　30〜50㎡の小さいマンション住戸を4つのルールに従ってリノベーションを行っている。元の間取りのタイプにあわせて、ウォール／ボックス／ラップ／フロートという４つのリノベーションのルールを適応させて大胆な間取りの変更をおこなう。

(51)—狭山フラット、長坂常設計　既存のマンション住戸の内装をやり直すのではなく、既存の内装やエレメントを少しずつ撤去しすることで、最低限ともいえるギリギリの地点にて生まれる新たな空間づくりを試みている。

可能性を発見し、見直し、そしてそれを新しい使い方に沿って再構成する。既存の建物の持つコンテクスト(文脈)に配慮しつつも、時代に沿った使い方が編み出されることで、そのサスティナビリティ、つまり持続可能性を引き延ばすことにつながる。

かつて、最低限の暮らしを供給することが建築の責務のひとつであった。そこでは、建物や空間は同じ仕様、同じ空間、均質なものであった。しかし現在、人口が減り、建築が余る時代を迎え、その使われなくなった空間を、古い建物として解体してしまうのではなく、そこに新しい価値を見出して空間資源として再利用の道を切り開くことが重要になっている。そこに、個々の暮らし、各々のライフスタイルに合わせた建築の未来があるのではなかろうか。

第4章
「作法」から発見へ

本章では、3つのことを伝えようとしている。
1つ目は、「作法」というものである。
作法というものが建築にもあるとしたら、
それは発想の起点になり得るということ。
2つ目は「かたちの持つ機能」についてである。
ものは常にある可能性を持っている。
ものをあるシステムに組み込むことで、
ある目的に結びつけていくということである。
かたちは機能の追究の結果ではないことを
説明したいと考えている。
そして3つ目は、「道具」についてである。
道具によって、ぼくらは思考の可能性を
ひろげることができる。
これらを、美術館と小学校という
ビルディングタイプを通して説明をする。

......................遠藤政樹

1　建築にも作法がある

　19世紀以降、西欧ではスポーツがルール化され、それにしたがって競技が行われるようになった。日本の相撲も18世紀末に確立され、土俵というものができた。

　ぼくら建築に関わっているものがよく口にするのは「空間」である。その「空間」という用語も、19世紀末までに存在していなかった。ドイツの建築理論家ゴットフリート・ゼンパー★1(1803-1879)が示唆することが大きいといわれている。このときから「空間」が、ぼくらが世界を知覚するための精神の属性の一部と考えられるようになった。それまでは、建築とは様式を定めることであった。それから解き放たれ、囲う方法を芸術として空間をつくる専門性が生まれたのである。それはルールのうえでのスポーツプレーヤーと同様である。空間をつくるとは、19世紀以降に考え出されたものであり、本来的に人に備わっているものではなかった。

　茶道、花道、書道といったものは、個々の作品性を超えた集団的な美である。これら日本の「〇〇道」というものは、中国文化の輸入を止めた室町時代を境に時間をかけて生まれた。その美的評価を部外者が行うことはなかなか難しい。こうした関係を、部外者からの視点として、オリゲン・ヘリゲル(1884-1955)というドイツ哲学者が、『弓と禅』という本を通して紹介している(→①)。彼は1920年代に来日し、弓道の実践を通じ理屈を超えたところでの異文化理解の過程を示した。最近この本は、故スティーブ・ジョブス(1955-2011)が愛読していたとして有名になった。そこには、作法というものを通した文化とは何かが語られている。

　作法とはある集団の中でしか共有されないという閉鎖性がある。それは、その世界に通じた人には常識的な事柄でも、外から見ると理解不可能ということである。ヘ

★1─ゴットフリート・ゼンパー
(Gottfried Semper、1803-1879)
19世紀ドイツの建築家。
「ドレスデンの歌劇場」
(ゼンパー・オーパー)、
「ウィーン美術史美術館」などの設計で有名。

①─オリゲン・ヘリゲル『弓と禅』

リゲルがはじめに経験したことである。その閉鎖性は時に、内部にいるひとでさえその意義を失い形骸化する危険性を孕んでいる。しかし、弓道がひとつの文化とも考えられるのは、作法の根底にある意図が一般性を帯び、集団の外を超えて共有が可能となる点である。最終的にヘリゲルはこれをつかむことができた。つまり、作法は制限であるのだが、新しさをもたらす起点ともなり得るものである。本章の主旨はここにある。

　空間をつくるとされる建築も同様である。様々なレベルの作法やルールによって支配されている。これを超えた共有がなされなければならない。

　日本の大学では工学部に建築学科が存在し、工学知識が作法と絡むことが多い。一級建築士の実技資格試験では、美学を抜きにしたこうした作法が試されているといってもよいだろう。そこでは、効率的面積配分、部屋の連動性や管理の容易性といったビルディングタイプ固有の条件から、スケール、構造計画、2方向避難という建築コモンセンスが厳しくチェックされる。これは、利用者の安全、使いやすさ、建物の空間的エネルギー的効率性を踏まえた最低限必要な条件と考えられている。ここには美学が抜けてはいる。しかし、これらコモンセンスの条件を抜きにして建築を考えることもまたできないのである。

【第4章】……【作法】から発見へ

2 建物と建築の違い

　作法を俯瞰的に成文化、理論化できないものだろうか、と誰しも思う。古くは15世紀、世阿弥[★2]の『風姿花伝』、近代に入った19世紀、岡倉天心[★3]（1863-1913）の『茶の本』などがこれを目指した。これらはある意味、理論書ともいわれている。

　難波和彦[★4]の「建築の四層構造」は、建築を総合的にとらえるための図式である（→⑤）。したがって、これを有効に働かせることで自らのデザインに総合性をもたせることができる。ここに建物と建築の違いがある、と考えると理解しやすい。

　難波の言う「建築の四層構造」は、物理性、エネルギー性、機能性、記号性という4つの層を備えている。物理性とは、建築を物理的なモノとして捉える視点である。エネルギー性とは、建築をエネルギーの制御装置として捉える視点である。機能性とは、用途や平面を組織化し、社会的な機能を果たす存在として捉える視点である。そして記号性とは、かたちや空間を操作する表現技術で、建築を文化的な意味や価値を担う記号として捉える視点である。それぞれの層は独立している。したがって、他の層と切り離して論じることができ、独立した学問領域を形成している。しかしそれぞれの様相において明らかにされた結果は、四層構造の中で他の層との関係において再検証しなければならない。これを経たものを建築とみてよいだろう。「建築の四層構造」とは、自らの考えがひとつの総合的なシステムにまで組み上がるための手助けとなるものである。

　ディズニーランドが現在のところ建築と見なされないのは、この捉え方に従えば物理性について言及されていないからである。イメージをつくり出すためのかたちが、張りぼてのままである。しかし、この張りぼてを

②―難波和彦『建築の四層構造 サステイナブルデザインをめぐる思考』

[★2]―世阿弥
（ぜあみ、1363?-1443）
室町初期の能役者・能作者。能を優雅なものに洗練するとともに、これに芸術へと高めた。
主著『風姿花伝』など。

[★3]―岡倉天心
（おかくら・てんしん、1863-1913）
美術評論家・美術史家。
フェノロサと日本中の美術の調査。西洋化が進む中で日本画の興隆に力を尽くす。

[★4]―難波和彦
（なんば・かずひこ、1947-）
建築家。作品に「箱の家」シリーズ。
著書に『メタル建築史 もうひとつの近代建築史』（鹿島出版会、2016）、『進化する箱 箱の家の20年』（TOTO出版、2015）、『戦後モダニズム建築の極北 池辺陽試論』（彰国社、1999）。
翻訳に『レム・コールハース OMA 驚異の構築』（鹿島出版会、2015）。

何らかの方法で、例えば「建築の四層構造」との関連を示すことができれば、建築となるかもしれない。事実、ダックの形態をした建物が建築と見なされた時代を、ロバート・ヴェンチューリ★5（1925-）という人は70年代に提示した（→③）。マルセル・デュシャン★6（1887-1968）という芸術家がいた。彼の「泉」という作品は、美術展に便器を提示しただけのものである（→④）。建築でいえば、「建築の四層構造」のあらゆる層にカテコライズされることを拒否したようなものである。それは逆に、「建築の四層構造」に代表されるようなものの存在の強大さを示すものとなり、この作品は芸術に位置づけられた。

したがって、建物と建築の違いは作品自体というよりも、それが成立している世界との関係にある。ぼくらは、建築という境界内部に安住してはいけないが、2つの世界の違いには意識的でなければならない。そうして、建築の世界を構成してきたものに対する視点を持つことが必要とされる。今のところぼくらは、どうあがいても建築の世界で生きることが強いられているからだ。ある意味、歴史が大事であるということである。大文字の「建築」について言及されて久しい。「建築」はかたちを変えて、いまだに生き続けていると考えたほうがよい。

③―ダックのかたちをした建築

④―マルセル・デュシャン『泉』(1917)

★5―ロバート・ヴェンチューリ
（Robert Venturi、1925-）
アメリカの建築家。主な作品に、「母の家」(1963)。「シアトル美術館」(1991)。著書に『ラスベガス』(石井和紘・伊藤公文訳、鹿島出版会1978)、『建築の多様性と対立性』(伊藤公文訳、鹿島出版会1982)

★6―マルセル・デュシャン
（Marcel Duchamp、1887-1968）
フランスの美術家。コンセプチュアル・アートなど現代美術の先駆け。作品に「自転車の車輪」(1913)、「泉」(1917)など

建築の四層構造 （建築学の領域）	建築を見る視点 （建築の様相）	プログラム （デザインの条件）	技術 （問題解決の手段）	時間 （歴史）	サステナブル・デザインの条件
第一層：物理性 （材料学・構法学・構造学）	物理的なモノとして見る	材料・部品 構法・構造	生産・運搬 組立・施工	メンテナンス 耐久性・風化	再利用・リサイクル 長寿命化
第二層：エネルギー性 （環境学・設備学）	エネルギーの制御装置として見る	環境・気候 エネルギー	気候制御装置 機械電気設備	設備更新 エントロピー	省エネルギー LCA・高性能
第三層：機能性 （計画学）	社会的な機能として見る	用途・目的 建物種別	平面・断面計画 組織化	機能変化 ライフサイクル	コンバージョン 生活様式の変化
第四層：記号性 （歴史学・意匠学）	意味を持った記号として見る	形態・空間 表象・記号	様式・幾何学 コード操作	街並・記憶 ゲニウス・ロキ	リノベーション 保存と再生

⑤―建築の四層構造

3 表と裏を超えて

　美術館建築を設計資料集では、「表と裏」という言葉を使って説明する。一般の人が利用可能な場所かどうかの違いがそこにある。そこではデザインの最初に、名前のある空間を拾い出し、それぞれの空間の広さの条件などを洗い出し、それを組み合わせていく。デザイン行為のはじめに、こうしたプロセスが位置づけられているのである(→⑤)。そして利用者の混乱が起きないようにするために、表と裏で整理するというような概念が生まれたのである。

　ところで、美術館に限らず、こうした名前のついた空間をそろえて並べるという行為は、19世紀後半に生まれた。美術館の他に、演劇や音楽のホール、水族館などといった専門化されたビルディングタイプもこのとき生まれたのである。それらは、この名前をつけるという行為によって、使い方を秩序立てるものである。それが基本となり、これ以降全世界に影響を与え、建築をつくるときの基準となっている。しかしこの行為は、建築的な空間組織の問題としてではなく、ある時代における人間社会を反映する空間の組織化として考えなければならない。

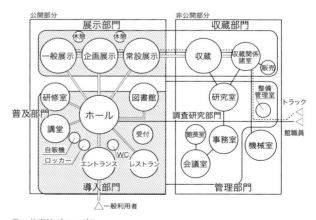

⑧——美術館ダイアグラム

一方で美術館では、展示物を入替え可能な箱とすることが設計の基本である。ホワイトキューブの歴史的成立過程をみると、美術というものが個人のコレクションから、広く市民に触れる目的のものとなったときに出現したものであった。そのために展示室はどんな展示物も入替え可能とする必要が生まれた。そして、様々なカテゴリーで厳しい環境基準が要求されるようになった。現代ではそれが拡張した。本格的な展示空間以外の市民ギャラリーや、エントランスホール、階段、中庭などの補助的と考えられていた空間の再機能化もなされている。市民ギャラリーといっても、明るい部屋、暗い部屋、大きい部屋、小さな部屋など空間の質が問題にされるようになった。展示空間以外の、単なる名前のあるもので代表される空間では、済まされなくなってきたのだ。

　2015年に竣工したレンゾ・ピアノ★7(1937–)設計の「ホイットニー美術館」(2015)(→⑥, ⑦)などは、その典型である。エントランスホールは、レクチャーを行い、パーティーやウエディングなどを行うことができる貸しスペースとして機能する。それに連動し、これまで裏空間として考えられていた空間も表空間のような扱いが必要となってきた。具体的には、搬出入路の利用度合いが極端に増加してきたのである。

　本来空間には名前がない。名前をつけずに、これからの空間の使い方を人間社会の要求に照らし合わせて新たに考えることで、空間の組織化をデザインにおいて追究する必要がある。現代の新しい美術館には、これを実行したものが実は増えてきていることがわかる。

★7―レンゾ・ピアノ
(Renzo Piano、1937–)
イタリアの建築家。主な作品「ポンピドゥー・センター」(1977)、「関西国際空港旅客ターミナルビル」(1994)、「メゾン・エルメス」(2001)

⑥―ホイットニー美術館　ロビー

1.ENTRY　　　　4.RESTAURANT
2.LOBBY　　　　5.LOBBY GALLERY
3.MUSEUMSHOP　6.LOADING

⑦―ホイットニー美術館　1階平面

⑨——システィーナ礼拝堂天井画（ミケランジェロ）

⑩——ウィーン美術史美術館（ゴットフリート・ゼンパーがファサードを担当）

★8——磯崎新
（いそざき・あらた、1931-）
建築家。主な作品に、「北九州市立美術館」（1974）、「ロサンゼルス現代美術館」（1986）、「カタール国立コンベンションセンター」（2011）。

⑪——群馬県立近代美術館（磯崎新）外観と内観

⑫——同上内観

4 中身のない空間はない

　日本には美術館といわれるものが約6000ある。そのうち、建築学科の設計課題に相当する収蔵庫などを備えた博物館相当以上の施設がそれでも400以上もある。そのなかで差別化を図るためには、どんな美術館にするかのコンセプトが重要となることがわかるだろう。

　中世までは、教会自体がアート作品であった。アーチストは、教会の要請の下（教会をパトロンとして）、教会の天井に、壁に、大地にそしてステンドグラスに、聖書の教えを描き、自らの作品を仕上げていったのである（→⑨システィーナ礼拝堂天井画ミケランジェロ1475-1564）。

　今日のような美術館のビルディングタイプが完成したのは、19世紀の終わりであるという。磯崎新★8（1931-）がいうには、王候貴族が植民地から取り上げ、もとの場所とコンテクストをはずして集めてきたものを、自分のコレクションにしたことが美術館のはじまりであるという。それをさらに国家が召し上げて改めて公開し、略奪物をアートとして展示したのであった（→⑩ウィーン美術史美術館ゼンパーがファサード担当1803-1879）。

　その後、アートは商品化されていった。台座と額縁にのった彫刻や絵画という移動可能なものとなった。そうして美術館は、つねに動くものをかけ替えていくことを可能にする役割が課せられてきた。商品化とは、売り買いを前提とするという意味である。多くの現代美術館はこれに属する。つまりは、アート作品と美術館は相補的な関係にある（→⑪, ⑫群馬県立近代美術館 磯崎新1974）。

　ところが1970年代以降、商品アートというものが変化してきた。アートが、近代美術館という制度化したシステムを破ることに重点が置かれるようになってきたのである。現代美術は、美術館に入れきれないものを制作するようになった。敷地や土地にあったものをつくる

（アースワークやサイトスペシフィック）、一般の人と制作することを中心に考える（ワークショップ）、そのために生活する場を必要とする（アーティスト・イン・レジデンス）などといったものを美術館に要求するようになった。あるいは最近は、空間の大きさを無効にしたデジタル映像技術を多用するなど様々である。安藤忠雄設計の「地中美術館」(2004)(→⑬)や西沢立衛[★9]設計の「豊島美術館」(2010)(→⑭)はサイトスペシフィックの典型であり、かつアーチストと綿密な関係の上に成立している。近年、芸術の普及や教育という面から、ワークショップを充実させる傾向もある。青木淳[★10]設計の「青森県立美術館」(2006)(→⑮)の東半分は、こうした部分を占めている。磯崎新設計の「秋吉台国際芸術村」(1998)は、現代音楽を中心としたホールやスタジオ、舞台があり、それに付随する宿泊施設を持つものである。

このように、アート作品と美術館は相補的な関係にある。そしてアート（中身）は無限に広がっていく。現代の美術館（空間）は、中身の無限な変化をかたちとするものでなければならない。

⑬――直島の地中美術館（安藤忠雄）

⑭――豊島美術館（西沢立衛）

★9――西沢立衛
（にしざわ・りゅうえ、1966-）
建築家。主な作品に「十和田市現代美術館」(2008)、「豊島美術館」(2010)。著書に『美術館をめぐる対話』（集英社、2010）

★10――青木淳
（あおき・じゅん1956-）
建築家。主な作品に、「潟博物館」(1997)、「青森県立美術館」(2005)。著書に『原っぱと遊園地――建築にとってその場の質とは何か』（王国社、2004）。

⑮――青森県立美術館（青木淳）

5　空間のマネジメント

　人間は環境にアダプト（適応）する能力をもっている。むしろそれを楽しむところがある。しかしこと建築を対象にしたとき、建築は動くことができない。したがって、ある面において未完成にしておき、その決定権を未来に残すか、あるいは建築家によってあくまでも柔軟性を内包した完成品として建築にするか、将来にたいする2つの方向性があるようである。中身の移動が頻繁な美術館ではこの考慮はなおさら必要である。前者の好例としては、ル・コルビュジエの「ムンダネウム美術館」（→⑯）が有名である。建築の外側へ増築を想定したものである。

　後者の例を見てみよう。日本には博物館が6000以上ある。それだけ存在するのだからそのほとんどが経営に苦しんでいる。企画展は年に1回程度がせいぜいであることも納得する。以前は、新聞社が主催する文化事業の貸館事業が主であったが、いまでは景気悪化のためそれも少なくなったという。

　したがって、美術館の自主営業能力が大事にされ、利用方法も様々となる。公共美術館も指定管理者制度を用いることが多く、そこから逃れることはできない。もっとも、太古からの日本の美術の特徴は、寺社における仏像開帳にみられるいわゆる「祭り事」においてなのである。それは現在でも変わりない。SANAA[★11]の「金沢21世紀美術館」（2004）（→⑰）に代表されるように、日本の美術館には無料スペースが多いのはこうした理由もある。そこで様々な祭り事が企画される。高度な祭り事を保証するフレキシブル性が現代の美術館では必要とされる。

　これまでは、木造による仮設間仕切りにより（→⑱）、美術館は中身に対するフレキシブル性を保証してきた。しかしここで問題が生じた。お金もかかるし、なにし

⑯——「ムンダネウ美術館」
無限発展する美術館というアイデアを実現した美術館（コルビュジエ）

⑰——金沢21世紀美術館（SANAA）

★11——SANAA
妹島和世（せじまかずよ1956-）と西澤立衛のユニット。
主な作品に、
「金沢21世紀美術館」（2004）、
「ニュー・ミュージアム・オブ・コンテンポラリー・アート」（2007）、
「ルーブル・ランス」（2012）
など。

建築のリテラシー

ろ、閉館後の夕方収益のためのイベントへの即対応ができないのである。金沢21世紀美術館は、様々な性能の展示室があり、それを選択できるという点で、造作仮設を必要としない即対応可能なものとして優れているそうだ。それとは異なる方法で、箱を自由に間仕切るには、可変システムを保証する天井と床のデザインが重要となる（→⑲）。

　この動向は世界的でもある。しかし、高性能な箱をつくることで有名なレンゾ・ピアノの美術館でさえも上手くいっていないことが多い。アメリカでは、財団による個人コレクター美術館が主であるが、そこではなおさら求められる性能であるという。エントランスホールなどは、レクチャーやレセプション、結婚式などが週に2、3回行われる。それへの対応は、至難である。ちなみに財団美術館において、自然光下で美術品を展示することを売りにするものは多い。たとえそうであっても、企画展示として同類の作品を招待するときに自然光は問題にされるので、その対策も大変だそうである。しかし反対に言うと、これだけの運用ができると、美術館の社会や街に対する波及効果は大きい。

　このように、建築への依存は変化している。有名なアート作品を招致し、集容するには建築の魅力が必要である。かといって建築の空間性が勝っても、上記の理由から運営ができない。その折り合いが必要である。近頃ランドスケープアートが注目されているのは、集客が期待でき、何よりもそれだけで空間的であるからである。先の祭り事などの地域のイベントも同様な理由で大事にされる。そこからの美術館への集客を利用する訳である。

　ここに、建築のかたちづくりが、空間性からソフトプログラムの形式化に移行していることがわかる。これはコマーシャリズム中心の社会要望ともいえる。しかし、建築と社会との融合の最先端とみることもできよう。

⑱──美術館仮設木造間仕切

⑲──仮設天井システム例

［第4章］──「作法」から発見へ

107

6 かたちのない中身

建築が、図面にある表記可能な基本的に動かないものでかたちつくるものであるとしたら、空気や熱といったものは、これと対極にある動くものである。建築の宿命は、動きのある流れるようなものまでをも、壁や屋根といった動かないものによって受容しなければならない。

当時ヨーロッパにいたミース・ファン・デル・ローエ(1886-1969)は、フランク・ロイド・ライト(1867-1959)のアメリカからの作品集を見て、流れるような空間を発見したという。その後設計した「煉瓦造田園住宅案」(1924)は、屋根を支えるための煉瓦壁が風景の中まで強く伸びた住宅であった(→⑳)。ル・コルビュジエ(1887-1965)は、「サヴォア邸」(1931)(→㉑)に代表されるように、上下階を緩やかにつなぐスロープを多用し、人の流れ＝シークエンスというものを劇的なものにした(→㉓)。コルビュジエは、内部を移動しながら物語のように展開していく体験を建築にしたのである。このように20世紀の巨匠たちが追究してきたものは、建築の具体的な機能プログラムに該当する中身に加え、建築を成立させるのに必要であるが、かたちに表現しにくい中身、というものの表現であった。ここに挙げる流れというものもかたちに表現しにくいものである。力、人、空気の3つを挙げる。「建築の四層構造」における物理性、エネルギー性、機能性に該当する。

力＝人は床の上に立ち、屋根は建築を覆う。この荷重を、柱や壁といった鉛直部材を使ってどのように地面に流すかが、力の流れである。有史以来人はこのことを考え続けてきたのだが、「構造」として意識されるようになったのは、19世紀中頃のヴィオレ・ル・デュック★12 (1814-1879)からと言われている。その後、多くの近代建築家によって力の流れは強く意識された。それ以前は建築にとって様式美が中心で、構造という概念は建築外

⑳—煉瓦造田園住宅案（ミース）

㉑—サヴォア邸（コルビュジエ）

㉒—バルセロナ　パビリオン（ミース）

の問題であった。それに代わる科学的根拠に基づいた建築美を打ち出す時代の雰囲気が力の流れというものを生み、現在に至っている。

空気＝空気の流れは複雑である。外部の風の影響を受け、周囲の温度差、気圧差によっても変化する。定量化しにくく、それゆえに建築分野でこれまで直接的に扱われることなかった。逆に、様々な工夫をしていく余地が残されているものともいえる。特にこれまで空調環境は、機械によってコントロールされ、空間とは直接関係のないものであった。今後は、室内空気の組織化との関係が重要になってくるだろう。

人＝建築は様々な空間の集合体であり、その中を移動することによって空間が穏やかに、あるいは劇的に変化していく。そのような変化していく光景の連続をシークエンスといったのは、コルビュジエであった。先に挙げたコルビュジエのサヴォア邸やミースの「バルセロナパビリオン」(1929)は流動的に展開していくシークエンスの代表例である(→㉒)。他にも、アドルフ・ロース[13](1870-1933)のラウムプランのように素っ気ない箱に濃密な立体的空間を構成するものもある(→㉓)。レム・コールハース[14](1944-)の「ボルドーの家」(1998)は、オープンなエレベーターによる3フロアーを昇降による機械＋人の動きが考えられている(→㉔)。

建築デザインは基本的に、ある目的にしたがって柱や壁、屋根や床などを配置することである。ただし、それによって、目に見えない条件までも制限してしまうことに意識的でなければならない。目に見えないものの代表として、ひとの感情が重んじられるが、そればかりでなく、力や空気を流す役割と、生活に代表される人の動きや情報の流れを留める役割がある。これらを同時に考えることからデザインをはじめることも、またひとつの作法である。

㉓──ミュラー邸(アドルフ・ロース)

★12──ヴィオレ・ル・デュック
(Viollet-le-Duc, 1814-1879)
フランスの建築家、建築理論家。ゴシック建築の修復を通して、構造合理主義的解釈を行う。

★13──アドルフ・ロース
(Adolf Loos, 1870-1933)
オーストリアの建築家。主な作品に、「ロースハウス」、「ミュラー邸」。著書に、『装飾と犯罪』(伊藤哲夫訳、中央公論美術出版、2005)。

★14──レム・コールハース
(Rem Koolhass, 1944-)
オランダの建築家。OMA代表。研究機関AMO所長。主な作品に、「クンストハル」(1992)、「マコーミック・トリビューン・キャンパス・センター」(2003)。著書に、『錯乱のニューヨーク』(鈴木圭介訳 筑摩書房1995)、『S, M, L, XL＋：現代都市をめぐるエッセイ』(太田佳代子 渡辺佐智江訳 ちくま学芸文庫 2015)

㉔──ボルドーの家(コールハウス)

㉕―芦原小学校　内観

★15―小泉雅生
（こいずみ・まさお、1963-）
建築家。主な作品に、「戸田市芦原小学校」(2005)、「象の鼻パーク・象の鼻テラス」(2009)。

1. 玄関　2. 普通教室　3. ワークスペース
4. ティーチャーコーナー　5. クワイエットルーム
6. ギャラリー　7. 会議室　8. 職員室
9. 学童保育室　10. ふれあいラウンジ
11. 給食調理室　12. 特別教室　13. 図書室
14. 多目的室　15. ワークルーム
16. メディアステーション　17. 中庭

㉕―芦原小学校　平面

㉗―同　2階の特別教室の構成

7 集まって生活すること

　学校は1万㎡を超える建築である。ひとりひとりが1日8時間近くを、建物すべてにわたり体験するという特殊な建築である。大きな建築は他にもあるが、例えば集合住宅やオフィスなどはそのうち100㎡程度しか経験できない。学校とは、このことを前提にすべきビルディングタイプである。

　そうしたことに意識的な学校建築とはどういうものだろうか。たくさんの場を提供するということと、地域の核となること、これがその答えである。

　小泉雅生★15設計の「芦原小学校」は、この2つを明快なかたちで応えている。配置計画が通常の学校とは異なり、敷地南の校舎配置であるのは、校舎と街との関わりを考えて、校舎南に小さくとも落ち着ける庭を設けていることによる。もちろんこの学校には塀がなく、1階は比較的自由に市民が利用できる施設がある。ふれあいラウンジや児童保育室、街の会議室、それに自由通路パスである。そのための児童のセキュリティーとして、施設の四隅に大人のいる部屋（職員室やクラブハウス、生涯学習など）を配置する。見守りによるセキュリティーである。セキュリティーと街への開放がペアで考えられている。こうした機能性とは離れたところの、この小学校の建築的特徴は、プランが各階同じで、そこにおさめられる用途が各階でまったく異なる点にある。それを色分けするとわかりやすい（→㉗）。3階は普通教室、2階は特別教室である。全教室はオープンプランで、2階は天井高があり、どちらかというと無機質で、放課後には様々なプロジェクトが計画される。3階は反対に木を多用した優しい空間である。ここでは小さな空間づくりが目立つ。しかし明確な機能性を与えないオルタナティブ性がそこに与えられている。このような多くの要望や可能性をパッケージするために、

新しい学校建築は、従来のビルディングタイプと異なり平べったいかたちとなる。ともすると、まとまりがなくなってしまうところに、かたちを与えていくことが、建築家の大切な役割となっている。

小嶋一浩★16十三瓶満真設計★17の迫桜高等学校は2万㎡近くある。家具、廊下、設備などと教室を黒と白にして平面を見ると構成がわかりやすい（→㉘、㉙）。そうした方針に従って、すべての建築行為が組み立てられている。芦原小学校の色分けと同様である。つまりパッケージされる方法がユーザにわかりやすく提出されている。

こうした学校が、次に問題とするのは周辺環境と物理的なつながりであった。住宅と異なり大きい学校は、建物をパッケージすることによって、外部から切り離されてしまうからである。開かれた学校にすることによっても、物理的な問題が外部に生じているというのが面白い。それが、街並みに対して、あるいは広い意味での環境に対しての新しい解答として現れる。

同様に内部環境についても新しい考えが必要とされている。パッケージされた内部空間は、区切りがなくだらだらと連続する。こうした大きな空間の環境について近頃は、空間の隅々まで制御するのではなく、機能に応じたムラのある環境制御が大切にされるようになってきた。施設の中に、夏多少暑いところがあってもよいという考えである。こうした流れは学校に限らず様々なビルディングタイプで実践されるようになってきた。伊東豊雄★18設計の「みんなの森　ぎふメディアコスモス」(2015)（→㉚）が典型だろうが、大きな空間をルーズに使うための新しい環境の考え方が追究されている。環境的に異なる一様でない様々な場があってということであり、それは、標準型人間の生活追求するのではなく、ひとりひとりの生活、あるいは様々な家族形態、これらを尊重する多様さを認めることである。

★16—小嶋一浩
（こじま・かずひろ、1958-2016）建築家。主な作品に、「宇土小学校」(2011)、「流山市立おおたかの森小・中学校」(2015)。著書に、『小さな矢印の群れ』(TOTO出版)

★17—三瓶満真（さんぺい・みつまさ 1964-）建築家。

★18—伊東豊雄（いとう・とよお、1941-）建築家。主な作品に「せんだいメディアテーク」(2000)、「今治市伊東豊雄建築ミュージアム」(2011)。

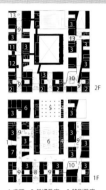

1. 玄関　2. 普通教室　3. 特別教室
4. 部室　5. 自転車置場　6. 体育館
7. 事務室　8. 図書館　9. F.L.T
10. 迫桜ホール　11. 会議室
12. 校務センター　13. 講義スペース

㉘—迫桜高校　平面

㉙—同　外観

㉚—みんなの森
ぎふメディアコスモス（伊藤豊雄）

㉛――打瀬小学校　可動間仕切りで、教室とオープンスペースの関係を調節する

㉜――打瀬小学校　オープンスペースを見る

8 個性と管理

　80年代の「目黒区立宮前小学校」以来オープンスペース（OS）という考えがはじまった。しかし完成したいくつかのOSを調査すると、現場の教師はその空間有効に活用できていないことが判明した。そこで現在のOSの追究は、OSを教室に付属させ、間仕切りなどによって先生が容易にオペレーションできるものになっている（→㉛, ㉜）。これは、教育の現場に則して、設計理念が上手く機能したことを示すよい例である。

　政府からは、これまでの戦後教育を見直した「多様な教育」、それに続く「アクティブラーニング」といった理念が示されている。しかし依然として8m角の教室はあり続ける。これは、教える／教えられるという一方的な関係を象徴するものである。それに対して例えば、黒板を3面用意し、正面性を外す等といった試みが現場であると聞く。それは、いかに児童を管理していくかという現実的なオペレーションに立ちながら考えられた教育理念との溝を埋めるよい例と推察される。

　ホロンという言葉は、1967年にアーサー・ケストラー[19]が著した『機械の中の幽霊』で登場した。ホロンとは、ものの構成を表す概念で、部分であるが、全体としての性質も持ち、上下のヒエラルキーと調和し機能する単位と定義される。生物の組織細胞の働きがそれにあたる。クリストファー・アレグザンダー[20]は、ユーザーに愛され利用し続けられる生き生きとした建築をつくるために、この考えをヒントに「センタリング」という概念を理論化した。トップダウン的な決定ではなく、関わるユーザーがあらゆる時と場所において、自発的な空間づくりを可能とする方法論である。そして、アレグザンダーが優れているのは、それを保証するための社会（施工）組織もまた提案していることである。子どもの個性

[19]――アーサー・ケストラー
（Arthur Koestler、1905-1983）
ハンガリー生まれのイギリスの小説家。ジャーナリスト、小説家、政治活動家でもあった。
小説『真昼の暗黒』（1940）で有名になった。

[20]――クリストファー・アレグザンダー
（Christopher Alexander、1936-）
オーストリア生まれのアメリカの建築家。日本での作品に「盈進学園東野高校」。著書に『パタン・ランゲージ』（鹿島出版会、平田翰那訳 1984）、『生命の現象』（鹿島出版会、中埜博訳、2013）

を伸ばすために考えられたOSが、システムの改良を重ねることで、現場の先生がストレスなく上手くオペレーションでき、その本来の目的をいかんなく発揮できる、そのプロセスを可能にする方法を考えたことと同じである。

　こうしたことは建築だけではなく、社会組織全般にも求められている。ものをつくるだけの時代は終わった。このことを前述のホロンという言葉を使用し上手く表した言葉がある。「ホラクラシーholacrasy=holon+crasy」という造語であり、ホロンによる統治・管理を意味している。最近の行き詰まったデモクラシー的な組織からの脱却を目指すときに使われる組織つくりにかんする言葉である。

　学校建築で求められるものは、従来の標準設計から個性重視への流れであることに変わることはない。子ども目線での居場所をつくり、愛着のある学校つくりといったことが求められている。加えて大切にされるのはその実施をいかに可能にしていくかという管理方法である。これが建築に求められている。具体的オペレーションとそれを成立させるガバナンスの2つによって、新しい世界をアップグレードする方法である。児童の自発的活動を保障する管理運営方法が何かということである。

㉝——クリストファー・アレキサンダー『生命の現象』

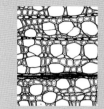

㉞——生命の細胞の様子
（同上書、P. 256）

9 全体の中から生まれるかたち──パタンランゲージ

　明治期以来の定型学校環境のオープン化の象徴がオープンスペース（OS）である。これは、現場の先生はもとよりつくった建築側においても当初、未知のものであった。そこでこうした新しい空間をどのように使用しているか、新しい学校空間に対して様々な観察が建築計画分野で行われてきた。

　このときわかったのは、校舎南の陽当たりのよいグラウンドに収容できないほど多岐にわたる児童の行動であった（→㉟）。休み時間には、お絵かきや、楽器練習といった静的行動から、スポーツ、しゃべるなどの動的行動が観察され、それは小学校における休み時間の児童分布によってそれが示されている（→㊱）。

　『パタン・ランゲージ』（鹿島出版会1984）も、アレグザンダー率いる環境構造センターによる、長年の空間と出来事の観察の調査結果である。そこでは、スケールの大きな近隣、街から建築、家具といったものまで、253個に及ぶ人と空間の関係が示されている。そのひとつひとつをパタンと呼び、具体的内容がダイアグラムとして、そのつながりがネットワークとして示されている（→㊱）。そして、「パタン・ランゲージ」は、誰でも建築がつくれることを一方で目指し、パタンをつなげて読み進めると、建物完成までの全体イメージを膨らませることができる。そうしたパタンランゲージが最近情報分野で注目されている（→㊲）。

　『パターン、Wiki、XP』（2009）江渡浩一郎著に、「パタン・ランゲージ」がヒントになって、Wikipediaが生まれた経緯が記されている。これまでのプログラム設計がアルゴリズム処理手段とデータ構造という2段構えであったと本書はいう。それを「パタン・ランゲージ」をヒントに、ユーザインターフェースというものを重視して

㉟──OSの利用状況。黒点が児童、白点が教師。（上野淳『学校ルネサンス』より）

㊱──『パタンランゲージ』（アレグザンダー）

㊲──スケールの大から小へネットワークでつなぐ（同上書より）

ひとつのものにした。繰り返し現れるプログラム手法をパタン化して、インターフェース上に載せたのである。そのユーザーフレンドリーな構造が、爆発的な普及に貢献した。だれもが参加できるWikipediaはその最大の成果物である（→㊳）。つまりここでは、曖昧模糊した現象を捉えるのに、パタン認識とそのオープン化の２つが構造化されたわけだ。ここには善悪というような価値判断がないのが特徴である。公開されることによる淘汰によって、その機能が担保されている。

㊳——WorldWideWeb ウィキーより

　このプログラム方法を、コンピューターの世界では、オブジェクト指向プログラミングといっている。これは、データ指向に相対するもので、ある目的に従って、複雑なデータをとり合えずのかたちで捉える手法である。オブジェクト指向をもっと柔らかくいうと、空間にとりあえず名前をつけることである。いかに現状分析するかのHOWから、どう捉えるかWHATへの考え方の移行がここにみられる。WHATを目指すことで、分析型から提案型への移行が可能になった。

　ここに、「パタン・ランゲージ」を辞書として使用することとの違いをみることができる。対象（オブジェクト）を大きなコンテクストに位置づけ、対象が単に名前だけでなく、具体的なかたちあるものとして無限に広がった中から浮かび上がるシンボリックなものとして考える方法である。与えられる教示的なものでなく、生成物のように扱うことである。パタンは無限に成長する途上の一形態であり、繰り返されるものである。とりあえずの名前をつけることの意味することとは、こういうことだろう。

　学校建築計画では近頃、学校の地域化が叫ばれている。児童観察を続けていく中で、学校という場所からその観察範囲を拡大した結果である。学校を立地のうえでも、地域住民の意識の中でも、コミュニティの基幹施設として想定するものである。子どもたちを、家庭から地

域、学校という連続的な環境の中で育てていくものとみるようになった。

　ここに学校建築設計とパタン・ランゲージの共通性をみることができる。学校もある制度のもとで運用されるビルディングタイプではあるが、地域という中からシンボリックに出来上がってくるものである。観察データをアフォーダンスのようなものとして単純に結びつけるだけでは、「パタン・ランゲージ」を辞書として使用することと同様に、それはデザインの敗北である。

10 観察と創造

建築は、人の行動などに対する「予測可能性」を前提にデザインがすすめられる。しかし、これがまったくのお手上げ状態であるのは、これまでつくられた建築や都市が必ずしも上手く機能していないことから明らかである。これは未来に対してばかりではない。一見事実であるような過去のことも、多大な解釈の上にあり、事後的な説明でしかないことを、更新し続ける歴史再解釈が教えてくれる。これを現実の観察にまで拡大したのが、1927年のハイゼンベルグの不確定性原理である。原子中の電子の位置は決定されないことをいった。観測によってはじめてものが予知できるのであるが、観測によって決まるものでもない。逆にいうと、必要とされているのは、観察と事実と思わせるその解釈といってよいのかもしれない。

最近のコンピューター解析技術は、容易にビッグデータを手にすることを可能にした。そして、これまで不可能とされていた広範囲な観察が可能となった。それは、人の行動や自然現象といったものへの観察である。その結果、紙幣の使用流通やウイルスの拡大メカニズムには偏りがあり、時代別の生物種の発生数、ウエッブの被リンク数分布などはべき乗数というものにしたがうことがわかってきたのである（→㊴）。その後の観察で、これに似た現象がいくつも発見されるようになった。

このことを解釈する方法は様々ある。その中で、アルバート゠ラズロ・バラバシ★24によるネットワーク論がわかりやすい。ウエッブの被リンク数は、優先的選択という、人の意思にも似たものによって、膨大なリンクを持つ一握りのハブとわずかなリンクしか持たない大多数のノードが共存したものに成長するという（スモールワールドネットワーク）（→㊵）。優先的選択とは、リンク数の

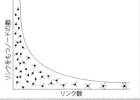

㊴─ウエッブの被リンク数
ノードの数（縦軸）とリンク数（横軸）。リンクをもたない膨大なノードと多量のリンクをもつ限られたハブが共存する。

★24─アルバート゠ラズロ・バラバシ（Albert Laszlo Barabasi、1967–）
アメリカで活躍する理論物理学者。複雑なネットワークに共通して見られるつながりの構造を発見する。

㊵─スモールワールドを示すグラフ。上から下への変化は、わずか数％のリンクのつなぎ替えでおこる。それによって、平均頂点間距離L（全頂点対間の合計距離／全頂点数）が急激に減少する。

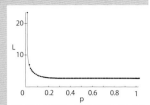

㊶——平均頂点間距離　平均頂点間距離L（縦軸）とリンクのつなぎ替えの割合 p（横軸）　頂点数500、1頂点からのリンク数a＝10の場合

多いノードにつながっていくことをいう。そして面白いのは、はじめの数％の変化において現れた偏りが割合を変えずに大きくなっていくことである。このことを数学的に証明した（→㊶）。

　もしこの解釈が正しいとするならば、これまで大多数を占め当たり前であるとされていた人の行動や自然現象といったものの解釈が変わる。それは、はじめのほんの少数の要因のうえに成立していたと考えられないだろうか。同じ要因に左右される他者が「偶然に」数％いることで、一気に体制、システムが決まっていく。ぼくたちはその結果を、事後に機能的に説明しているに過ぎないのである。進行中には、線の組替えを自分も他者も数多く行っていることを説明することはできない。それを、変化が起こった後に、どのリンクの組替えが結果に結びついたかを説明しているにすぎないのである。

　アイデアの創造に関しても同様であると考えるとどうだろう。頭のなかのごちゃごちゃしていたもののほんのいくつかがクリアになることで起きる連続性のある現象を創造といえないだろうか。ただし、過去を振り返り、組替えが成功した痕跡を見ることはできても、その痕跡をめぐる当時の環境や状況は説明できないのである。

　『デザインの鍵』（池辺陽）のなかに「名前のない空間へ」という章がある。名前をつけるとは、機能的な説明によって、事後的な結果を前もって納得させてしまうことである。このことがもっとも創造と遠い行為であることを、『デザインの鍵』は、いっている。

　つまり、ぼくらができることとは、システムの中に位置づけをして、意識的に方向性を決定していくことである。これを仮説という。

　本来のデザインの意味は、直接答えをものとしてつくることでなく、ある存在する問題にたいして新たな方向性を与えることである。

11 かたちの持つ機能

『言葉と建築』の著者エイドリアン・フォーティー[★21]によると、かたちと機能との関連を「機能主義」として、その存在を暗黙の了解としたのは1960年以降であるという(→㊷)。それ以前には、機能から空間的形態を決定するとか、その逆の論を徹底させたものはなかった。実はこの時代生物学の分野で、周辺環境という概念が注目されるようになり、生物は物理的かつ社会的状況＝周辺環境との相互作用を通して決定されるものとみられるようになった。それと同じ意味で建築においても、建築はそれを生み出す社会の内にあって、社会からの要求を満たすものとして考えられるようになったという。

これは、使い方に対して合目的であるという本来近代建築が目指していた意味を拡大解釈したことになる。あたかも建築と社会に何かしらの関連があるかのように考え、「機能性」という言葉が万能語として使用されるようになった。つまり、機能性とは、「かたちに対する社会的環境の作用、ないしは逆に、社会に対する建物の作用を記述する課題」(『言葉と建築』P.279)に応えるもので、建築に根拠を与えるものとして考えられたのである。本来、かたちと機能との間に必然的関係はなく、その混同は今日まで続いていることになる。

通常の学校は教室を直線上に配置する。このことは、別に教室の主な使用目的と直接のつながりはなく、すべての教室環境を均質にするため、効率的な管理するため、合理的構造、経済性のため、全国隅々まで早期に普及させる必要性などのすべての総合的結果である。本章の「15 外側にひろげる道具」で説明する「デザインスゴロク」の中央にあるのはスタンダードであるが、当時のこの位置に教室の直線的配置があったというだけである(→㊹)。

だがこの問題を逆の面で考えれば、教室が直線配置で

★21—エイドリアン・フォーティー
(Adrian Forty、1948–)
イギリスの建築史家。著書に
『メディアとしてのコンクリート』
(坂牛卓・邉見浩久・呉 鴻逸・天内 大樹訳　鹿島出版会、2016)、
『欲望のオブジェ』(高島平吾訳　鹿島出版会、2010)など。

㊷—エイドリアン・フォーティー
『言葉と建築』
建築は、発想され図面を引かれ建てられていく創造の過程において言葉と不可分の関係にあることを示す。

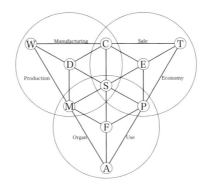

㊹―デザインスゴロク（池辺陽）

デザインスゴロク
W/Work
C/Cost
T/Tradition
P/Purpose
A/Appearance
M/Material
D/Distribution
E/Environment
F/Function
S/Standard

★22―池辺陽
（いけべ・きよし、1920-1979）
建築家。主な作品に
「立体最小限住宅」（1950）、
「東京大学鹿児島宇宙空間観測所」
（1964）、「No 94」（1974）など。

㊸―池辺陽『デザインの鍵』

★23―吉阪隆正
（よしざか・たかまさ、1917-1980）
建築家。主な作品に、「吉阪隆正自邸」
（1955）、「ヴェネツィア・
ビエンナーレ日本館」（1956）、
「大学セミナー・ハウス」（1965）。
著書に、『生活とかたち』（旺文社、
1972）、『吉阪隆正集』（勁草書房、
1984-1986）。

なく、雁行式で、あるいは分棟式配置である場合、教室は四角いかたちでなくなるかもしれないし、新たな授業形態が生まれるかもしれない、と考えることができる。もし教室が一直線上の配置でないとしたら何が起こるのか。教室と児童との新しい方向性とは何か。こうしたことを建築としてかたちづくることができるかもしれない。

　ここでいうのは、かたちにはそれぞれ機能があり、その機能の発見が別の目的に結びついていくことの可能性である。このことを、「かたちは機能の追究の結果ではなく、それぞれのかたちの持つ機能の発見、そしてその上につくりあげていくシステムである」（『デザインの鍵』P.115）と池辺陽★22はいった。そしてその後で社会への影響を期待できる（→㊸）。

　「かたちの役割は、まずは目標を人々に示して、結果を促し、参加の心を刺激することから始まる。」（『生活とかたち』P27）といったのは、有形学を提唱した吉阪隆正★23である。世界は曖昧模糊として、複雑である。ぼくらは部分を通じて世界をつかむこと以上はできない。そのときに、かたちの役割は大きい。直接見ることができ、触れることができるからである。建築を目指す以上、とりあえずこのかたちを手掛かりにして機能を発見し、その上につくりあげていく。このことからはじめてみてはどうだろうか。

12 建築家という個性

　2018年時点で政府は、「働き方改革」を日本の将来に向けての大きな柱に据えようとしている。これは、人口減少が招く労働力不足が日本経済を衰退させてしまうことに対するケアのようである。そのために、将来へむけて労働者実数の確保と、それにもまして労働力の質的向上を目的としている。これまでの効率主義を超えた何らかのシステム変更を目指すものである。その前提となるのが、これまで培われてきた日本の技術力ストックの利用である。人はそれぞれ異なる能力（重み値）を持っていて、重みが大きい人を利用する考えである。こうした考えをグラフ理論では、優先的選択にもとづくクラスター成長という。それによって、クラスター数（ハブ数）を上げて、枝の平均距離（数）を小さくし、グラフを大きくするには、どうしたらよいかを考えるもの（→㊺）。それは、これまでのヒエラルキー的な樹形方式とは異なり、いかに組織体制保ちながら全体の押し上げを最適化していくかという方法であり、「働き方改革」の意図するところといってよいだろう。

　これを表すネットワークを、重みづけグラフあるいは閾値グラフという。それは、重みのあるハブというものが多立する状態である。㊻が示すように、ハブがヒエラルキー状に広がるかたちとなる。このとき残念ながら、中央のハブが全体の枝数の8割を独占している。しかしさらなる効率化を求めると、重みづけが離れ過ぎた点を結ぶ枝を切ることがなされる。例えていうなら、優秀な者同士しかリンクできない状態である。こうしたグラフを、ホモフィリーのある閾値グラフという（→㊼）。重要なのは、中央のハブには枝が少なく、中央の空洞化が起きていることである。じつはこれが世界の現状である。現在の林業や農業が抱える問題などは、このことをいっ

㊺——成長するネットワークの概念図

㊻——ヒエラルキーグラフ
（優先的選択と成長を示すグラフ）
中央の円は枝の8割を独占している

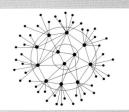

㊼——効率化グラフ
（閾値ホモフィリーグラフ）
中央部が空洞化

㊽——ホラクラシーグラフ
端部から中央へとリンク

ているのだろう。生産者が抱える根本的問題、出発点となる中央の問題が等閑に付されている。それを解決するためにも中央のハブから、非効率ではあるが、外の頂点への枝つけが必要となる。そうして、中央を活性化しないといけない（→⑱）。

　建築家の役割とはこのことではないだろうか。日本の建設産業構造も成熟している。各ハブが十分に機能し、多立状態である。これまでの住宅産業をはじめとする建物つくりはこの恩恵の上に成立している。ただし、ハブが充実しすぎ、中央の空洞化、あるいは外から中央が見えにくくなり、産業が硬直化している、ともいえる（→⑰）。建築家はこれまで、中央に新しく何かを置くという刷新を絶えず探究してきた。しかし、これがネットワークを0からはじまるものであるとしら、その作業に大変な労力がかかり、成熟した現代社会では不可能な試みに近い。大きなプロジェクトではなおさらである。

　これに対し、優先的選択に反して、中央から末端へ枝をつなぎ足すことを改めて行うとどうだろうか（→⑱）。再生といってもよいかもしれない。

　中央のネットワークの枝が増え、これによってネットワークのかたちに劇的な変化が起きるかもしれない。ネットワークをただ大きくする政治家や実業家の役割と異なる建築家の役割がここにある。ネットワークを大きくすることに手助けするだけではいけないという、意味がここにある。

13 問題のないところに目的をもつ

　子どもの頃に試みた逆上がりは、トライアンドエラー
の繰り返しである。逆上がりのための条件は事前に示さ
れても、逆上がりができたことによってしかそれを理解
できない。ただしわかったと納得しただけで、真の条件
は不明のままである。事後の成功体験によって、事前条
件を誤読しているといってよいかもしれない。ここに、
時系列的に物事を見る、人の習性を見出すことができる。

　これとは真逆の見方を時に人はする。熟練大工は新米
に比べて圧倒的に作業が早い。これは、作業が多少不完
全であっても、後の作業で上手く納まる計算をもってい
るからである。作業には問題がつきものである。事前
に、根拠（WHY）と行為（HOW）の割り出しに時間をかけ
るよりも、自分のもっている何（WHAT）が利用できるか
を優先する。この違いは、技術の熟練度にしたがうとも
いえるが、それは、未知のものへの対応の違いである。
未知の他者を解決によって取り込むことを目指す者にた
いして、熟練大工は、それを他者として居続けることを
許す。実現すべき目的を優先させていることが、それを
可能としている。

　建築雑誌には、短くとも必ず作品主旨がある。敷地か
ら家族形態、予算、環境などの与件が紐解かれ、完成に
至るまでの経緯が記される。しかし、完成に至るまでの
道のりは紆余曲折し、コントロールの効かない他者とい
う未知の存在があることを誰もが知っている。社会的責
任、クライアント、予算もそこに含まれる。これらの複
雑怪奇なネットワークのなかで建築デザインを進めなけ
ればならない。

　このとき、熟練大工のように、他者の存在を超えたと
ころに実現すべき目的というようなものをもつ必要性も
また、デザインに求められている。

［第４章］……「作法」から発見へ

14 建築の寿命

　日本における一般住宅の寿命は短い。昔からそれは変わらず、現代では30年程度といわれている。木造という外的な要因もさることながら、手狭になったから、使い勝手が悪くなったから、家族が増えたから、立替資金に都合がついたからなど、むしろ内的な要因によることが大きい。住宅は一世代限りのもので、長く持たせるものとして、そこに価値を見出してこなかった。

　ここで問題となるのは、価値というものである。空間はある目的を持って生み出されるが、そのようにしてつくり出された空間は、それ自体が単に狭い意味の目的性とは別の多くの価値を含んでいる。つくられたときの価値とは無関係に、新たな空間の価値の発見が空間を永遠のものとしていく。そのための建築を考えることが必要である。サステイナブルデザインの本来的意味もここにある。

　2011年の東日本大震災は、私たちに価値の転換をもたらした。住宅は、これまで考えられていたように将来の幸福を象徴するものではなくなった。住むための住宅をなくした人は、将来性を見出すことができないために新しく住宅を建て直すことをしない。その中には、金銭的な問題を抱えていない人も含まれている。住宅をもつことが夢でなくなり、かつ現実的な生活を保障する現物器としての役割も見出せていないのである。価値の転換は、建築空間の方でも起きている。建築から現実の生活にアダプトする必要にせまられているのである。

　かつて多木浩二[★25]は、『生きられた家』において、住むことを通じて住空間が身体化されていく、これからの現代建築が向かうべき方向性を示唆した。それは、象徴的な存在である近代建築に対して、経験的で日常的な場への提案であった。先に挙げた難波和彦の「建築の四層

㊾──多木浩二『生きられた家』

★25──多木浩二
(たき・こうじ1928-2011)
美術評論家。著書に、
『生きられた家──経験と象徴』
(青土社、1984)、『それぞれの
ユートピア──危機の時代と芸術』
(青土社、1989)、『映像の歴史哲学』
(みすず書房、2013)など。

構造」も、この住空間の身体化を、単なる建築の様相の問題として捉えてはいない。建築を4つの層、すなわち物理的、環境的、機能的、記号的側面に分け、地球環境や社会とより広範囲に、繊細で密接な関わりをつくることを目的としている。建築の身体化とは、建築と人との境界をなくすことである。建築があらゆる局面で、ストレスなく緩やかに人と密接な関係を持つことによって、境界が意識されなくなる。それにはまず、問題が十分に広く微細なところまで解決されることが前提となる。体系化された四層構造には、それを促す役割が託されている。

　これは、これまで顧みられなかったファクターまでも積極的にデザインに取り込むデザインといってもよい。これによって、建築の身体化がいっそう押しすすめられる。こうした建築の価値が建築を永遠な価値あるものにしていくのである。

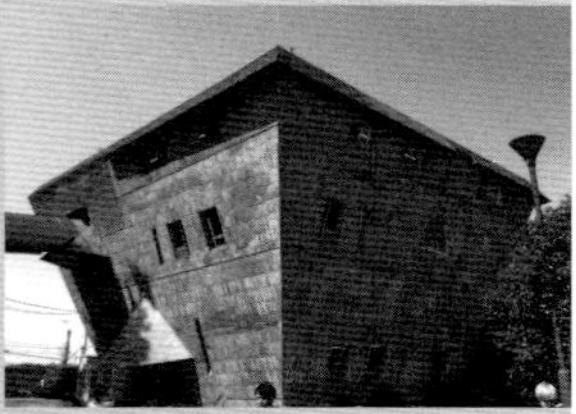

(50)—八王子セミナーハウス
(吉阪隆正＋U研究室)

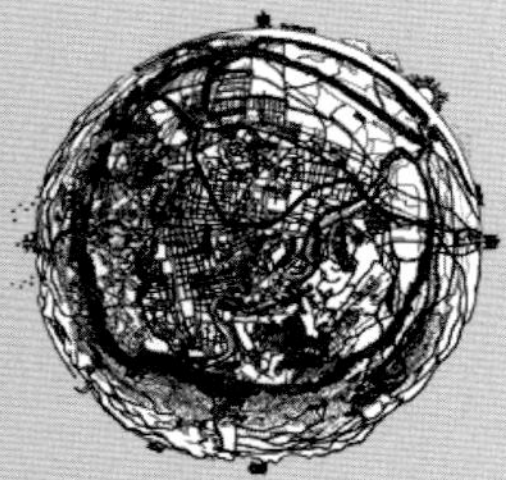

(51)—魚眼地図(吉阪隆正)

15 外側にひろげるガジェット(道具)—デザインスゴロク

吉阪隆正の建築はユニークである。東京・八王子の「大学セミナーハウス本館」(→(50))は、山の頂に突き刺された逆四角錐である。これは、近代以前の人たちが大自然を形姿したように、人工物を通じて生活との絡み合い方を知る必要性から考えられたものであるという。1970年の初出の「魚眼地図」というものもユニークである。対象とする中心部の縮尺が小さく、細部を描き出しているのに対し、遠距離になるほど大きな縮尺で次第に抽象化されていく地図である。通常の地図にはない全体と部分を意識したもので、都市全体を考えるときのために考案されたものである(→(51))。

吉阪がここでいうのは、ものを観察するときの視点と視野の違いである。異なる視点によって、全体像のイメージも大きく変わると思いがちであるが、それはあくまでも個人的関心事から見ていることにすぎないという。広い視野に立てば、実はそれほど変わるものでもない。次の引用は、人がいかに手近な枠組みに囚われているかを、機能とかたちの関係において語るものである。

「一般には、対象物にたいしその解釈が定まると、その筋を通してその意味が十分に発揮されるようにと技術を洗練する方向に進む。その形態は無駄を省き純化していくが、繰り返し同じみちをたどるうちに、いつしか本来の解釈から逸脱することがある。だが、いずれにしても、しばらくの間、機能は形態と結び合わされ、いわば用と美とが一体となろうとする方向に進む。一体となった用と美とは、やがて人々からその形態を示す美を通じて、意味として伝えられ、意味と美との組み合わせとして独走をはじめるのがみられる」(『生活とかたち』p130)

ここでは、かたちをつくるうえでの機能とかたちの間において行われるべきコミュニケーションの必要性とい

うものが意識されている。広い視野は、これを欠いては持つことはできないのである。

　池辺陽もユニークな作品を残した。内之浦ロケットセンター(→㊾)などである。池辺が考えたデザインスゴロク(設計システムの相関網)によって、このデザインは進められた。

　デザインスゴロクには、㊽(㊹)のように10個の考えるべき条件が示されている。スゴロクでは、スタート地点がはっきりしているが、このデザインスゴロクでは、明確なスタートポイントはない。そこに意味を見出されてはいないのである。それよりも、10個の条件をクリアしていくことが目的とされている。例えば、構造について考える人は、Wからはじめ、つくりかたを合理化していくコストC、それから流通システムを合理化して量産に結び付けるDへといく。あるいは、材料との関係Mにいくことも考えられる。あらゆる条件とのコミュニケーションが意識されている。

　このようにデザインは、限られた目的によって支配されるものではなく、新たな目的に結びつけて、扱う対象を広げていくものとして提案されている。池辺は三角の部屋を例に出す。部屋が四角でなく、三角であり、六角であり、あるいは円であるという場合には、そこには新たなインテリアの発見があるというのだ。デザインスゴロクは、そうした目的で使用するものとしてある。

　吉阪も池辺も、建築のデザインの対象が、自分の興味内に限られてしまうことを危惧していた。それを避けるために、対象を外側に広げていくための思考を実践し、そのための道具(ガジェット)を紹介した。機能を含めた諸条件を揺り動かすこと。それによって、空間の新たな再組織化を目指すこと。それを個人の内部で行うことが難しいのであるが、それを手助けしてくれる道具がある。俯瞰性をもった「デザインスゴロク」というものである。

㊾——内之浦ロケットセンター
（池辺研究室）

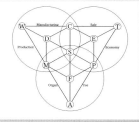
㊽——デザインスゴロク

［第4章］……「作法」から発見へ

127

【図版出典】

①—オイゲン・ヘルゲル『弓と禅』(稲富二郎・上田武訳)福村出版、1981

②—難波和彦『建築の四層構造 サステイナブルデザインをめぐる思考』
LIXL出版 、2009

③—ロバート・ヴェンチューリ『ラスベガス』(石井和紘・伊藤公文訳)
鹿島出版会、1978

㉝, ㉞—クリストファー・アレグザンダー『生命の現象』(中埜博訳)鹿島出版会、
2013

㉟—上野淳『学校ルネサンス』鹿島出版会、2008

㊱, ㊲—クリストファー・アレグザンダー『パタン・ランゲージ　環境設計の
手引』(平田翰那訳)鹿島出版会、1984

㊴—バラバシ『新ネットワーク思考』(青木薫訳)NHK出版、2002を
参考に作図

㊷—エイドリアン・フォーティー『言葉と建築』(坂牛卓・逸見浩久訳)
鹿島出版会、2005

㊸, ㊹, 53—池辺陽『デザインの鍵—人間・建築・方法』丸善、1979

㊺—㊽—増田直紀・金野紀雄『複雑ネットワークとは何か』講談社、2006を
参考に作図

㊾—多木浩二『生きられた家経験と象徴』青土社、1984

51—吉阪隆正『生活とかたち』旺文社、1972

52—撮影＝彰国社 写真部

第5章
「構造」からデザインへ

〈構造〉と〈デザイン〉を結びつけて、

「構造デザイン」という。

これは、日本の構造家が好んで使うキーワードだが、

「構造デザイン」はいったいどのようなものだろうか？

この問いに対して、そのパイオニアである斎藤公男は、

「一般的な構造設計に対して構造デザインは、

（構造）設計者自身の設計思想や理念を

建築の意匠デザインに対するプラスαの要素として

設計に取り組んでいくこと」だと述べている。

黒子と見られがちな構造設計者は、

「構造デザイン」という領域で、

実際の設計において、どのように関わり

どのような役割を果たすのであろうか？

これが本章におけるテーマである。

......................多田脩二

1 構造デザインとは

　いま、あらゆる分野で専門分化が進み、建築において
も同様である。構造設計者は、建築の設計における建物
の安全を主に担っており、それを確保しその責務を果た
すことは、構造設計においてもっとも重要なことである。

　とはいえ、現代においてその安全性の確保について
は、かなりの程度、コンピュータによって担保されるよ
うになっている。またコンピュータの構造解析の能力向
上によって、建築家の想像力とアイデアに満ちた形態イ
メージをかなりのレベルで具現化できようになってい
る。これは、建築家にとっては喜ばしい限りであること
に間違いはない。

　複雑で難解な形態も解析ソフトへ諸条件の入力ができ
れば、それなりに検討結果を得ることはできる。あとは
建設費が予算内に納まり、多少の無理があっても施工
ができれば建物は完成へと至る。例えば、フランク・O・
ゲーリーの一連の建築を思い描けばいいだろう。

　確かに、建築家が望む形態をいかに成立させるかは、
構造設計者においては大切な一面ではある。しかし、そ
の一方で、いかに構造的にも合理的で経済的につくるか
といった施工性と設計に関わる多くの要因を有機的に把
握し、バランスのとれたホリスティックな構造計画によ
る設計の関わり方や提案はさらに重要である。

　ここで、構造デザインを代表する2つの事例を挙げた
い。建築作品として高い評価を得ている丹下健三と坪井
善勝による「国立代々木競技場」、伊東豊雄と佐々木睦
朗による「せんだいメディアテーク」である（→①,②）。

　ともに建築家による従来にないイメージと構造家の高
度な技術力とアイデアによって、意匠デザインと構造デ
ザインを見事に一致させたコラボレーションによる建築
作品である。

①―国立代々木競技場

②―せんだいメディアテーク

　このように「構造デザイン」は、建築家のイメージするデザインをより高い次元にレベルアップさせながら、構造部材を合理的で巧みに組みあわせることで、建築を実現させている。構造家からの構造システムの提案が、建築のデザインに大きく寄与しているのである。

2　空間構造のパイオニアたち

　20世紀の初頭、優れたエンジニアたちによって新素材である鉄骨や鉄筋コンクリートの材料が持つ力学特性を活かし、自らの設計思想や設計哲学を具現化したすぐれた建築作品がつくられた。

　彼らは、すぐれた技術者であると同時に高い建築的構想力をあわせもっており、アーキテクト・エンジニアとも呼ばれる（山本学治[1]）。

　その代表的存在として挙げられるのが
- ロベルト・マイヤール[2]（スイス）
- エドアルド・トロハ[3]（スペイン）
- ピエール・ルイジ・ネルヴィ[4]（イタリア）
- オーブ・アラップ[5]（イギリス）、
- バックミンスター・フラー[6]（アメリカ）、

★1―山本学治
（やまもとがくじ　1923〜1977）
日本の建築史家。東京大学卒業後、東京芸術大学建築科教授。

★2―ロベルト・マイヤール
（Robert Maillart、1874–1940）
スイスのエンジニア。
スイス連邦工科大学（ETH）卒業。
代表作「タバナサ橋」。

★3―エドアルド・トロハ
（Eduardo Torroja、1899–1961）
スペインのエンジニア。
マドリード大学卒業。エドアルド・トロハ研究所設立。国際シェル・空間構造学会（IASS）初代会長。

★4―ピエール・ルイジ・ネルヴィ
（Pier Luigi Nervi、1891–1979）
イタリアのエンジニア。
ボローニャ大学卒業。
ネルヴィ・バルトーリ社設立。
代表作「ローマオリンピックスタジアム」、「トリノ労働会館」。

★5―オーブ・アラップ
（Ove Nyquist Arup、1895–1988）
デンマーク系イギリス人。
1946年にアラップ・コンサルティング・エンジニアをロンドンに設立。
代表作「ダラムの徒歩橋」、「シドニーオペラハウス」。

★6―リチャード・バックミンスター・フラー
（Richard Buckminster Fuller、1895–1983）
アメリカの思想家、デザイナー、構造家、建築家、発明家、詩人。
代表作「ジオデシック・ドーム」、「ダイマクションハウス」。

★7―フェリックス・キャンデラ
(FeliX Candela、1910-1997)
スペイン・マドリード生まれ、
マドリード工科大学卒業。
代表作「宇宙線研究所」、
「バカルディの瓶詰工場」。

★8―ハインツ・イスラー
(Heinz Isler、1926-2009)
スイスのエンジニア。
スイス連邦工科大学(ETH)卒業。
代表作「ドイツインゲンの
ガソリンスタンド」、
「ワイスガーデンセンター」。

★9―フライ・オットー
(Frei Otto、1925-2015)
シュツットガルト大学
「軽量構造研究所」リーダー。
代表作
「マンハイムの多目的ホール」、
「ミュンヘンオリンピック
スタジアム」。

③―アキテクト・エンジニア

・フェリックス・キャンデラ★7(メキシコ)
・ハインツ・イスラー★8(スイス)
・フライ・オットー★9(ドイツ)
等である(→③)。

　そして彼らの作品に大いに刺激を受けたのが、日本の構造家であり、「構造デザイン」の概念はここから生みだされることになる。

　彼らの作品の構造的特徴は、部材の組み合わせを立体的あるいは連続的な配置による立体抵抗による構成、もしくは曲線や曲面等でつくられた空間である。

　荷重に対して構造部材は、曲げ応力によって抵抗する

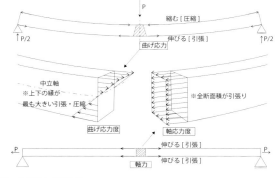

④―曲げ応力と軸応力

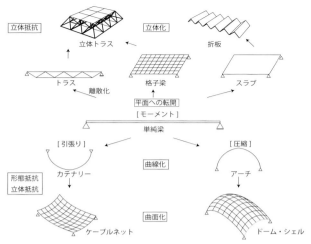

⑤—空間構造の基本システム

⑥—エコパスタジアム
（構造＝斎藤公男）

⑦—姶良体育館（構造＝川口衞）

のではなく、軸応力もしくは面内応力で抵抗するシステムであり、部材の全断面が有効に利用できる特徴を持つ（→④, ⑤）。このような平面的ではなく立体的で合理的に力を伝達する構造システムは「空間構造」とも呼ばれる。特にホールやスポーツ施設等の柱のない「無柱空間」（大スパン建築）をつくるのには力学的合理性に基づいた構造形式の採用が重要であり、構造材料の特性を活かした構造計画が必要である。

また「Space Structureは空間構造と名付けて差支えない」と、坪井善勝[★10]によって定義されたこの「空間構造」は、坪井の下で学び、日本のみならず世界的な構造家として活躍する川口衞[★11]や斎藤公男[★12]等に引き継がれ、空間構造による数多くの建築作品やその設計法の確立に貢献している（→⑥, ⑦）。

3 構造形式（構造システム）

ここで、構造形式について見てみよう。

構造形式とは架構の組み方のことであり、構造システ

★10—坪井善勝
（つぼいよしかつ、1907-1990）
日本の建築構造家。
東京大学名誉教授。
株式会社坪井善勝研究室設立。
国際シェル・空間構造学会
（IASS）元会長。

★11—川口衞
（かわぐち・まもる、1932- ）
日本の建築構造家。
法政大学名誉教授。
株式会社川口衞構造設計事務所主宰。
国際シェル・空間構造学会
（IASS）元会長。
代表作「サンジョルディパレス」、
「イナコスの橋」。

★12—斎藤公男
（さいとう・まさお、1938- ）
日本の建築構造家。
日本大学名誉教授。
日本建築学会元会長。
代表作「酒田市国体記念体育館」、
「静岡・エコパスタジアム」。

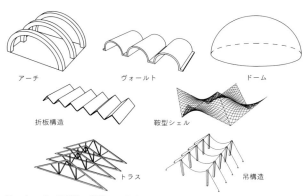

⑨—大スパン建築物の構造システム

ムや架構システムとよばれる。一般的な建物では、柱、梁のフレームに床を加えたラーメン構造やブレース構造、ロングスパンに用いるアーチやトラス等が挙げられる。

建築の構造は、「空間を横に広げる」または「空間を上に重ねる」のどちらか2つのタイプに大別される。

「空間を横に広げる」スタジアムや体育館等の大スパン建築は鉛直方向の荷重（常時荷重や積雪荷重）が支配的となり、「空間を上に重ねる」超高層等の上に延びていく建築は水平荷重（地震荷重、風荷重）に対する検討が重要であり、その各々の荷重に抵抗するための構造システムが必要となる。

・「高層建築物」→「水平荷重に対する構造計画」
　ラーメン構造　壁式構造　ブレース構造等（→⑧）
・「大スパン建築物」→「鉛直荷重に対する構造計画」
　アーチ構造、シェル構造　テンション構造等（→⑨）

基本的な構造システムの原理を理解し、深く突き詰めることは、従来の技術の発展とさらなる洗練化へとつながり、今までにない新たな構造システムの可能性にも広がっていく。

また空間の大小に関わらず、建築計画に対する構造シ

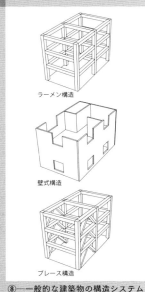

⑧—一般的な建築物の構造システム

ステムの提案は、無目的ではない積極的な建築設計へのアプローチでもあり、「構造デザイン」を考慮した建築デザインである。

4 柱梁構造とドームの歴史

西洋と日本の建築歴史を、構造デザインの視点から見てみよう。

⑪—パンテオン断面図

(西洋建築……パルテノンとパンテオン)

建築は、より高く、より広く大きな空間をつくるために挑戦し続けた技術の歴史でもある。

ヨーロッパの建築史において古代ギリシャ時代に建てられたパルテノン神殿（→⑩）は、大理石による柱梁構造の原型となる代表作であり、ローマ時代を象徴するパンテオン（→⑪）は、柱のない大空間を有した歴史上類を見ないドーム建築である。

ともに建物を構成する構造部材と架構形式が、そのまま建築の意匠性とも密接に結びついており、当時の高度な施工技術に驚かされる。

パルテノン神殿の柱は、直径1.9mの大理石による重さ約5t程度のドラムを積み重ねることによって、高さ

⑩—パルテノン神殿

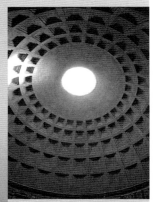

⑫─パンテオン　オクルス

約10mを構成している。美の追求による建築ではあるものの、柱の間隔は狭く、梁のスパンは2.3m程度でしかないため、構造としてはいささか無駄と無理をした構成とも思える。また引張り力に抵抗できない大理石による梁の下端にはクラックが生じている。

一方、パンテオンは、スパン43.2mのローマンコンクリートによるドームであり、屋根の自重は圧縮力として、下部構造の壁へと伝わる。

ドームの断面をみると、下部程厚く（6.4m）上部は徐々に薄くなり最上部はニッチのない1.2mの厚さで、頂部には開口であるオクルス（天窓）がある（→⑫）。

またニッチは下部ほど凸凹が小さく、上部程くぼみが大きい。これはドームの上部は応力も小さく軽量化の必要があり、下部は大きな圧縮力と横方向に生じる引張り力に抵抗するために厚くつくられていることを示している（→⑬）。

ともに美学と技術が追究された建築であるが、柱梁の曲げモーメントが主体の構造とドームの軸力抵抗による構造システムの特徴をよく理解できる。

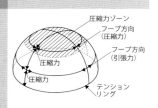

⑬─ドームの力の流れ

(2つの大聖堂とガウディ)

中世の西欧建築を代表するゴシック建築は、組積造によるタテへ延びる空間と大屋根によるヨコに広がる空間の組合せの技術ともいえる。

挑戦と失敗の繰り返しによってアーチ、ヴォールト、ドームといった構造システムを発展させ、様々な構成方法によって華麗で壮大な神への祈りの場としての空間がつくられている。

アーチやドームの力学特性は、荷重に対して圧縮力によって抵抗し地盤へと伝達する（→⑭）。部材の全断面を有効に使える圧縮力の問題は座屈とスラストである。座屈は、組積造の断面の厚さによって対処がされているが、一方足元を外側に広げようとするスラストの処理は、ミナ

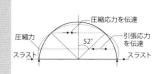

⑭─ドームの力学特性

レット、フライングバットレス、タイバー、尖塔アーチ等による様々な工夫で対処され、建築の重要な構成要素としても表現されている(→⑮)。

中でも140年以上の歳月をかけてつくられた「サンタ・マリア・デル・フィオーレ大聖堂」(→⑯)は、フィリッポ・ブルネレスキーのアイデアによって、最上部の八角形ドームがつくられている。このドームの構造は内側と外側のダブルで構成した二重殻(ダブレイヤー)にすることにより、全体重量の軽量化、雨仕舞の考慮、足場や仮設支柱の削減による建設方法の合理化が図られている(→⑰, ⑱)。また8本の主要な稜線リブと16本のサブ的な中間リブに水平リングを多段状に数多く用いることによって、外に広がるフープ方向の力に抵抗し、

⑮――ゴシック建築の力の流れ

⑯――サンタ・マリア・デル・フィオーレ大聖堂

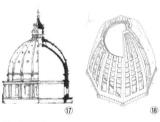
⑰――断面図
⑱――ドームの構成

⑲――サンタマリア・デル・フィオーレのドーム内観

⑳――二重殻による通路スペース

[第5章]……「構造」からデザインへ

137

㉑──サン・ピエトロ大聖堂

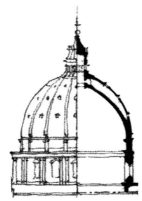
㉒──サン・ピエトロ大聖堂 断面図

スパン43mの尖塔ドームは構成されている(→⑲, ⑳)。

　その約100年後にサンタ・マリア・デル・フィオーレを参考に模してつくられたのが、「サン・ピエトロ大聖堂」である(→㉑)。屋根の構成を同様に二重殻とし、形状を八角形から円形形状に近づけることによって主要な稜線は増えたが、上部から下部へと力を伝えるサブ的な縦方向のリブを減らしフープ方向のテンションリングをなくしたことから、完成から約100年後ドーム部に多数のクラックが生じて崩壊の危機を招いた(→㉒)。

　当時の著名な数学者や科学者等の詳細な調査結果による指示によって、鉄製のフープリングの補強によって倒壊を免れ、現在に至っている。単なる造形の模倣に対する危険性と客観的な検証方法の必要性を示す事例と捉えたい。

　この大聖堂の力の処理として問題となるスラストを合

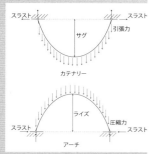
㉔──カテナリ（上）とアーチ（下）

㉓──逆吊り実験

理的な形状によって解決したのが、アントニオ・ガウディ★13である。ガウディの建築は奇抜さが特徴のように見えるが、フランスの建築家であり理論家でもあったヴィオレ・ル・デュックから多大な影響を受けて、幾何学と構造的合理性を突き詰めた設計を行い、空間構造のパイオニアとしても高く評価されている。

㉕―サグラダ・ファミリア

★13―アントニオ・ガウディ
（Antoni Gaudí、1852-1926）
スペインの建築家。
代表作「カサ・ミラ」、「グエル公園」、「サグラダ・ファミリア」。

　その構造的合理性の追求の一つが、「コロニア・グエル教会」の形状決定に用いられた逆吊り実験である（→㉓）。逆吊り実験とは、図のように両端を固定した糸（ひも）を垂らすと、その糸には引張り力しか生じない懸垂曲線（カテナリー）が得られる。この懸垂曲線の形状を上下反転させると部材には圧縮力しか生じない合理的で最適なアーチ形状が得られる（曲げモーメントが生じない形状）（→㉔）。ガウディは、この形状を「フニクラ（放物線）」と呼び、その後「サグラダ・ファミリア」の形態を決める際にも同様の手法を用いている（→㉕）。

　このフニクラ形状によって、フライングバットレスやタイバー、ミナレットをなくすことに成功し、構造的合理性と他に類を見ない特異な形態を創造している。

日本の建築……東大寺と清水寺

　日本の建築の歴史は、木造建築の歴史でもある。
　長い歴史と伝統を有する木造建築は、日本人にとってはとくに馴染みの深い素材である。木造建築は、柱と梁の組合せによる骨組み架構が基本的であり、東大寺大仏殿に用いられている太い断面の木柱はギリシャの神殿と

㉖―東大寺

㉗―東大寺の柱

第5章……「構造」からデザインへ

139

㉘——清水寺架構（懸造り）

の類似がみられる（→㉖, ㉗）。一方、清水寺の架構（懸造り）は、水平材である梁を多段に配した貫構造が特徴的な一種のラーメン構造（半剛接）でもあり、この格子状の構成によって、柱梁断面の大きさを抑えることが可能となっている（→㉘）。

　木造建築の最大の特徴は、屋根架構の多彩さである。
　切妻、宝形、入母屋等の屋根形状と雨露や日差しを防ぐ重要な機能と建物を印象づける屋根の跳ね出しとその構成は多種多様である（→㉙, ㉚）。
　第1章でも述べられているように、地垂木と野垂木の

㉚——浄瑠璃寺の庇

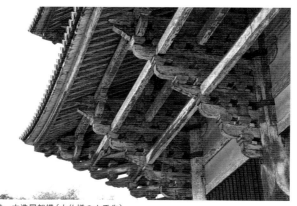

㉙——木造屋架構（大仏様の六手先）

二層化は垂木自体で屋根の重量を支え構造材として寄与している(22頁参照)。その代表的な寺院が醍醐寺である(→㉛)。その後、垂木の2層化による軒裏空間に桔木を挿入することによって長く突き出た軒先や雨漏りの対処が可能となり、さらに地垂木は荷重を支える必要がなくなった。

㉛——醍醐寺

㉜——和小屋の構成

㉝——和小屋の曲げ応力

軒裏空間の見えない所に屋根を支える桔木を配し、地垂木は単なるお飾りの化粧材として屋根に取つくこととなるが、外観からはあたかも屋根を支えているかのようなフェイクのような存在である。一方、屋根裏の小屋組みは、支点間に水平の梁をかけ、その上に束材を立てた格子フレームを基本とし、梁の原理を一貫して用いている(→㉜, ㉝)。そのため、曲げモーメントによる応力抵抗であるため、西洋建築の特徴であるアーチや小屋トラスの迫持ち構造を利用とした軸力抵抗に比べると、大きな部材断面を必要とする(→㉞)(26頁参照)。

㉞——江川邸住宅

5 建築材料と構造デザイン

19世紀に鉄、コンクリート、ガラスの建築材料が飛躍的に発展し、それに伴う新しい技術の展開によって、建築のデザインは大きく変遷することとなった。

㊱——パディントン駅

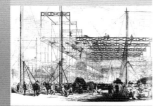
㊲——クリスタルパレス

㊳——キューガーデン 外観

㊴——同上内観

㉟——アイアンブリッジ

(鉄骨造による技術と建築デザイン)

　産業革命発祥の地であるイギリスでは、1779年に世界で初めて鋳鉄を用いた「アイアンブリッジ」が建造され、その後、鋳鉄、錬鉄による材料特性を活かした多くの素晴らしい橋がつくられている（→㉟）。

　中でも、引張り力によって抵抗する吊橋である「クリフトン橋」(1964)やアーチと吊構造を組み合わせたサスペン・アーチによる「ロイヤルアルバート橋」(1859)がイザムバード・K・ブルネル★14によってつくられている。また3連アーチが錬鉄の柱で支持された「パディントン駅」(1854)もブルネルによるものである（→㊱）。

　造園技師であるジョセフ・パクストン★15の設計による「クリスタルパレス」(1851)は、ガラスと鋳鉄による長さ563m、幅124m、高さ33mの当時世界最大規模の建築であった。コンペによって選ばれた勝因の一つは工業化製品の利用とプレファブ化による施工期間の短縮であり、その後のプレファブ建築の先駆けともいえる（→㊲）。残念ながらクリスタルパレスは1936年に焼失してしまったが、現在も植物園として現存している「キューガーデンのパームハウス」は、1845年に錬鉄によってつくられており、アーチによるダイナミックな空間と繊細なディテールによる鉄とガラスの究極の建築

作品といえるであろう（→㊳, ㊴）。また構造システムが、パームハウスの曲面構造であるアーチからクリスタルパレスは直線を主体とする柱梁のブレース付き骨組構造（2種類のスケールによる門型フレーム）へと転換することで、施工の短縮化や量産化への途をひらくことになる。

　また19世紀の鉄道時代、大スパン構造の発展に大きく貢献したのが駅舎である。中でも1865年に完成したトラスアーチによる「セント・パンクラス駅」は、スパンがすでに73mにも達し、その後の1889年のフランスでは、パリ万博においてエンジニアであるヴィクトール・コンタマンによるスパン115mにも及ぶ3ヒンジアーチ★16で構成された「機械館」や高さ約300mの「エフェェル塔」がつくられた（→㊵, ㊶）。

　このように鉄骨造は、エンジニアによる優れた構造的アイデアと高度な技術的な考慮によって大きな発展がみられるが、それは19世紀当初、橋や工場、航空機の格納庫等はエンジニアによる仕事であり、当時は建築とみなされていなかったことにもよる。

　その一方、従来の建築様式に縛られた建築家は、新素材を建築のデザインとして取り入れることに悪戦苦闘す

★14──イザムバード・キングダム・ブルネル（Isambard Kingdom Brunel、1806-1859）
イギリスのエンジニア。橋梁や駅舎のみならず、鉄道の施設や車両、大型の蒸気船等も設計。

★15──ジョセフ・パクストン（Sir Joseph Paxton、1803-1865）
イギリス人造園家、建築家。第1回ロンドン万国博覧会（1851）で水晶宮（クリスタル・パレス）を建設。

★16──3ヒンジアーチ
柱脚のピン支持とアーチの頂点をピン接合とした静定構造。支点の移動や温度変化に対しての追従が可能。静定構造なので計算も容易である。

㊵──セント・パンクラス駅

㊶──パリ万博機械館

㊷—サント・ジュヌビエーブ図書館

㊸—フランス国立図書館

★17—アンリ・ラブルースト
(Henri Labrouste、1801-1875)
フランスの建築家。
エコール・デ・ボザール卒業。

★18—ジュゼッペ・メンゴーニ
(Giuseppe Mengoni、1829-1877)
イタリアの建築家。

るなかで、建築家と建築を技術的に支えるエンジニア(技術者)へと分業化に進んでいくこととなる。

19世紀における建築家による特筆すべき鉄骨造の作品としては、1850年代にアンリ・ラブルースト★17が鋳鉄によって「サント・ジュヌビエーブ図書館」

㊹—ミラノのガレリア

と「フランス国立図書館」(→㊷, ㊸)の設計をフランスで、イタリアのジュゼッペ・メンゴーニ★18がミラノの「ガレリア」を錬鉄による直径37.5mのドームとヴォールトを1877年につくっている(→㊷, ㊸, ㊹)。

従来の迫持ち構造による組積造のアーチやドームは、圧縮力のみにしか抵抗できないためフープ方向の引張りに対しては重厚な断面によって対処していたが、引張力にも抵抗ができる鉄骨は、高い強度と剛性を有していることから繊細な断面による構造システムの構成が可能である★19。ガラスの透明性と相まって明るく開放的であり、建築の表現と材料の特性が見事に一致した作品である。

とはいえ1900年前後において、主だった鉄骨造による建築作品はあきらかに少ない。工場が建築家の手によってはじめて設計されたペーター・ベーレンス★20による「AEG工場」は、鉄骨フレームとその頂部と柱脚を3ヒンジの原理で構成し視覚的表現としても用いている。しかし随所に古典的な建築様式が建築表現として用いられ、鉄骨造の特性を十分に活かしたデザインとは言い難い。

㊺—レイクシュアドライブ

　鉄骨造による建築デザインの可能性は、ベーレンスの弟子であるミース・ファン・デル・ローエによって切り開かれる。ミースは鉄を建築表現としてシンボリック化と美学的にも洗練化し、それが、その後の世界共通の様式ともいえるインターナショナルスタイルへとつながっていく。

　ミースの亡命先であるアメリカは、移民によってつくられた歴史の浅い国である。アメリカの建築は、ヨーロッパほどには伝統や文化に縛られることはなく、移民による様々な国の技術を合理的に利用し発展することとなる。そのような状況の中19世紀後半に商業や経済性を優先した高層建築がアメリカの主要都市であるシカゴにおいて数多くつくられ、その発展に寄与したのが、錬鉄によるロール材や鋼の大量生産、柱と梁を剛接にしたラーメン構造★21の開発であった。

　この技術とカーテンウォールによってシカゴやニューヨークの大都市では、オフィスビルという新たなビルディングタイプが産まれ、建築は瞬く間に天高く空に向かって発展し、スカイスクレーパー（超高層建築）の形成へと至る（→㊺）。

　このガラスの外装とシンプルな鉄骨による柱梁フレームを今までにない建築表現にまで高め、ユニバーサル空間として建築的な意味を与えたのがミースである。秩序

★19—鉄骨材料　鉄の性質は、炭素量によって異なる。鉄鉱石を還元し取り出した鉄が銑鉄であり、この銑鉄を金属の型（鋳型）にいれてつくられた鋳物を鋳鉄という。上記の鉄は炭素含有量が2％以上（約4％～5％）である。炭素量が多いと固さと強さを増すが、逆に粘り強さがなくもろい性質となる。この炭素を、反射炉を用いて取り除いた鉄が錬鉄（鍛鉄）であり、鋳鉄の欠点である、脆さや引張り力の弱さが改善された。この錬鉄を構造の耐力上重要であるところに用い、一般的な部分には鋳鉄といった使い分けを昔は行っていた。さらに炭素量を減らして（1％程度弱）つくられたのがH.ベッセマーの考案による鋼である。現在の建築に用いられる鉄骨材料はほとんどが鋼であり、様々な強度や降伏点の種類がある。ちなみに鉄はiron、鋼はsteelである。

★20—ペーター・ベーレンス（Peter Behrens、1868-1940）ドイツの建築家。代表作「シュレーダー邸」。

★21—ラーメン構造の特徴は、曲げモーメントによる抵抗のため、断面は大きく接合部を剛接合とする必要がある。そのため、溶接技術の発展も重要な要因の一つである。

㊼——部材の接合部

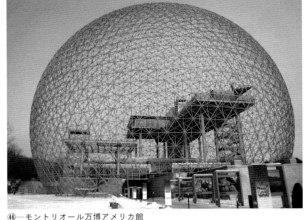
㊻——モントリオール万博アメリカ館

あるグリッドで構成された柱梁は、現在の設計においても教科書のように扱われる合理的でシンプルな構造フレームである。

　一方、鉄骨造を建築の美学として完成させたミースに対し、構造的合理性によって鉄骨造の量産化とシステム化に取り組んだのが、バックミンスター・フラーである。

　「宇宙船地球号」の著者であり、哲学者、発明家等々様々な顔を持つフラーの代表作のひとつが、「モントリオール万博アメリカ館」である。直径76mの球体（上部3/4）は、球面をフラーの発明によるジオデッシク分割とし、ダブルレイヤーによるスペースフレームを小径断面の鋼管（76φ）によって構成しドームの重量を極限までに軽量化を図っている（→㊻, ㊼）。

　また教え子であるK.スネルソンによる彫刻のアイデアを発展させたテンセグリティ（→㊽）は、ばらばらで独立した圧縮材が引張材のネットワークの中で浮かんでいる不思議な構造システムであり、引張り材へのプレストレス（初期張力）が重要となる自己釣り合いシステムである。

　このテンセグリティの原理は、ケーブルと膜材による軽量構造が主流となる現代の大空間建築の構造システム

㊽——テンセグリティ

に応用され、多大な影響を与えている。(→㊽、㊾)

　モントリオール万博で話題をさらったもう一人が軽量構造の第一人者であるフライ・オットーである。有機的な自由曲面を張力構造によるケーブルネット構造(→㊿)によって鉄骨造の新たな世界を切り開き、先述のテンセグリティとともに空間構造の世界に多大な影響を与えた。

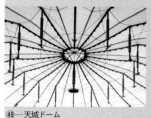
㊽——天城ドーム

　このケーブルネットの形状決定や応力解析は、模型を3次元座標測定装置で測定するなど、多大な時間と労力を要していたが、数年後には当時最先端のコンピュータによる解析技術をミュンヘンオリンピックのスタジアムに用いることにより、大規模化プロジェクトへの実現に大きく貢献している(→㊼)。

㊾——マラカナン・スタジアム

　またオットーは、膜構造の原型である「ケルンのダンス場」(1957)によって、従来サーカス小屋等の仮設建築に用いられていたテント材料を恒久建築へと発展させ、膜構造を構造システムとして確立することに成功する(→㊼)。

㊿——ケーブルネット構造

その後の鉄骨造による建

㊼——ケルンのダンス場

㊼——ミュンヘン・オリンピック・スタジアム

［第5章］……「構造」からデザインへ

㊴―ポンピドゥー・センター

㊵―ルノー配送センター

㊶―ルノー配送センター
　　ピンジョイント部分

㊷―ルーブル・ピラミッド

築デザインは、1970年代の後半にフラーの下で学んだリチャード・ロジャースとノーマン・フォスター、レンゾ・ピアノ等によってモダニズムの思想を継承しながらも、構造システムが明快に建築のデザインとなるハイテクスタイルへと引き継がれている（→㊶）。

　ハイテクスタイルの特徴は、構造・設備のテクノロジーを形態に反映させ、建築表現としてビジュアル化している。工業製品を多用し、構造部材は軽量化を図るため分節化し、現場での接合方法を簡易なピンジョイントとしていることも特徴的である。そのため、構造システムは、ルノー配送センターのように圧縮と引張りによる軸力抵抗システムを採用することによってシャープな部材断面による構成と応力状態の視覚化が意匠デザインにも寄与している（→㊶, ㊷）。

　そして彼ら建築家の作品をエンジニアリングの立場として協働したのがアラップ社である。いまや全世界の建築を高度な技術によって支えるエンジニアリング事務所である。

　中でもアラップ社のスターエンジニアである、ピーター・ライス★22は際立った存在である（→㊷, ㊸）。ガラスの

㊸―関西国際空港

透明性を最大限に活かしたDPG(ドット・ポイント・グレージング)構法は、彼の発明によるものである。強化ガラスを四隅の点で支持することによってサッシュを用いない透明性の高いガラスファサードのシステムであり、現代にいたるまで数多くのガラス構法に多大な影響を与えている(→(59))。

ここで、鉄骨造における建築と構造の関係を考えてみたい。ミースによる鉄骨造は、オーダー等の歴史的な美学に裏づけられた建築であり、今なお世界中の建築は大小を問わず、ラーメン構造を基本としたフレームとガラスのカーテンウォールでつくられている(→(60))。ミースの個別的ともいえる建築はいまでは普遍化されており、一般的な構造計算によって、建築家の要望にいかに応えるかが構造設計者にとっては大切な役割となる。

それでは、フォスターやピアノ等の建築作品に対する構造はどうであろうか?

アラップ社等の優れたエンジニアによるアイデアや技術提案によるコラボレーションによって、建築のアイデアはテクニカルな要素を加えた高次元のレベルで実現され、それは建築家からの一方通行の関係ではない。従来にない鉄骨造建築の可能性の提案には、鉄骨の材料特性である強度と剛性の高さを活かし、現場での組み立て方法を考慮した構造システムがいかに建築表現と結びつくかがキーポイントであり、「構造デザイン」によるプラスαの要因を加えた設計手法が有効である(→(61))。また近年の鉄骨造は、温熱環境を考慮したサスティナブルでエコロジカルな設計へと進んでいる。

(60)—シーグラム・ビル

★22—ピーター・ライス
(Peter Rice、1935-1992)
アイルランド出身のエンジニア。
オーヴ・アラップ・アンド・パートナーズ入社。RFR設立。
代表作「ポンピデュセンター」、「関西国際空港」。

(59)—DPG構法

(61)—香港上海

【 鉄筋コンクリートによる技術と建築デザイン 】

　コンクリートの起源は、他の多くの建築材料と同じく、今から2000年前のローマ時代に遡ることができる。ローマ時代、石灰石を焼いてつくる消石灰がセメントとして使われ、火山灰と消石灰に砕石・砂・水を混ぜたローマンコンクリートがパンテオンなどの巨大な構造物に用いられている。しかしこのコンクリートはローマ帝国の崩壊と同時にその後は使用されなくなった。

　ようやく18世紀に入り、1756年イギリス人のJ.スミートンが生石灰と粘土を加えた水硬性モルタルを発見し、1796年J.パーカーによってローマンセメントがつくられ普及する。

　1824年J.アスプディンによるポルトランドセメントの成功によって、イギリスからヨーロッパへ広まり、1867年モニエの鉢、1855年ランボーのボートによって鉄筋コンクリートがフランスで発明され発展することになる。

　注目すべきは、フランスのフランソワ・アンネビック★23である。RCの技術を19世紀末までにほぼ完成の域まで高め、その後世界各国へ普及する礎を築いた。またRCを柱・梁・床を一体とした「ラーメン構造」を開発し、特許も取得している。

　このRC造を積極的に建築表現に用いたのが、オー

★23──フランソワ・アンネビック
（Fran_ois Hennebique、
1842-1921）
フランスのエンジニア。
アンネビック式RC造を開発。

㉖──ル・ランシーの教会

ギュスト・ペレ[24]であり、骨組み構造の傑作でもある「ル・ランシーの教会」が1923年につくられている（→62）。

一方このRCによるラーメン構造に異を唱えたのが、ロベルト・マイヤールである。ラーメン構造の特徴は、柱と梁の一体化であり、梁と床スラブは一体化されているが構造的にはスラブは2次部材的な意味でしかない。

この消極的なスラブを、R.マイヤールは積極的に応力を受け持つ面材へと発展させた。

『空間・時間・建築』においてS.ギーディオンにも高く評価されている「サルギナトベール橋」は、世界でもっとも美しい橋と評される（→63）。箱型断面による3ヒンジアーチでスパン90m、ライズ13mの極めて偏平なアーチ形状である。

マイヤールの設計の特徴は面的な構成を徹底していることであるが、この橋の構造システムの特徴はまず第1に、アーチ足元の岩盤のわずかな移動や温度変化への影響を考慮したピン支点の採用による静定化である。そして第2の特徴である三日月型のアーチ形状は、設計上もっとも不利となる車などの偏荷重を考慮した曲げモーメントの形が、そのまま橋のシルエットとなっていることであり、この三日月形のアーチと路面スラブを箱型に一体化することによって独自の構造フォルムをつくり出している。

さらに面材としてのコンクリートの可能性を曲面構造によるシェル構造へと展開し、実現したのが20世紀を代表する偉大な構造家エドアルド・トロハである。

1933年に厚さ約90mm、直径48mのRCシェルによる「アルヘシラスの市場」の設計によって、初めてパン

63――サルギナトベール橋

[24]――オーギュスト・ペレ
（Auguste Perret, 1874-1954）
ベルギー生まれのフランスで活躍した建築家。代表作「フランクリン街のアパート」、「ノートル・ダム・デュ・ランシー教会」

64――アルヘシラスの市場

［第5章］……「構造」からデザインへ

⑥⑤──試験的につくられた大屋根の配筋(マドリード競馬場)

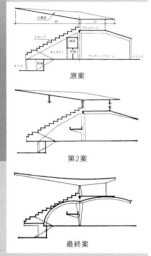
⑥⑦──アイデアの変遷

⑥⑥──マドリード競馬場

テオンの最大スパンを凌駕することとなる(→⑥④)。

1935年の「マドリード競馬場」は、12.8mのHP(一葉双曲面)シェルによるキャンティレバーが特徴的である(→⑥⑤, ⑥⑥)。この案はコンペによって選ばれたのだが、この案に至るまでのトロハのアイデアの変遷は興味深く、構造的な裏づけによる想像力によって案が飛躍している(→⑥⑦)。

またトロハは当時の構造エンジニアの指導者的な存在でありIASS(国際シェル学会)の初代会長を務め、構造設計の思想を語った多くの著書や論文もある。なかでも木村俊彦の訳による『現代の構造設計』には、「構造の美しさ」を独自の考えで論じており、構造と表現に対して「単純」でうそのない「真実」であることが大切であるとも述べている。

RC造による空間構造のパイオニアの一人が、ピエール・ルイジ・ネルヴィである。1932年につくられたRC造の「フィレンツェ・スタジアム」は、約20mの片持ち梁屋

⑥⑧──フィレンツェ・スタジアム

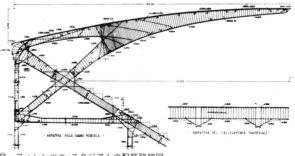
⑥⑨──フィレンツェ・スタジアムの配筋詳細図

根の力強さと軽快さを有した造形性から、建設当時からすでに高い評価が得られていた(→⑱)。

　先端から支点へ至るまでに大きくなる曲げモーメントに応じて徐々に部材断面を大きくし、支点近くで最大となる曲げモーメントを圧縮、引張りの軸力に分解することによって、キャンティレバーの力の流れを明快に表現している(→⑲)。このスタジアムの賞讃からネルヴィは、構造の問題と美しさの理論とを結びつけようと努力し、「良い構造的解決には表現力が自ら内在する」という信念へと至る。

　同時期に活躍したトロハが面材としてのシェル構造によって形態をつくるのに対し、ネルヴィは波型かリブの線材による特徴的な曲面構造で構成している。これは工業製品である鉄骨造による離散化した構成方法と同じであるが、この構成方法を可能にしたのが、フェロセメント★25によるプレファブ化と自ら経営していた施工会社による施工性の合理化である。

　施工性を第一に考えていたネルヴィは、常に施工の単純さ、工期の短縮と経済性を突き詰めており、その結果からリブ付きシェルのアイデアへと至ったのであろう(→⑳, ㉑, ㉒)。

★25―フェロセメント
複層のワイヤーメッシュにスランプの小さいモルタルを塗り付けて造られたもの。

⑳―フェロセント施工

㉑―同左　外観

㉒―ローマオリンピック小体育館　内観

[第5章]……「構造」からデザインへ

153

⑦③——ミラグローサ教会

⑦④——ソチミルコのレストラン

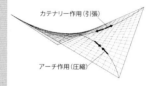

⑦⑤——HPの応力伝達機構

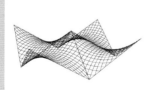

⑦⑥——ハイパボリック・パラボロイド

　その後、トリノ展示場やローマ・オリンピックスタジアムの屋根の構成にもフェロセメントによるプレキャスト化を展開している。

　シェル構造の世界で忘れてはならない存在が、空間の魔術師とも言われるフェリックス・キャンデラ（メキシコ）である。スペインの内乱で捕虜となり収容所から幸運にもメキシコに亡命し、波乱に満ちた人生を送りながらも、独学でシェル理論を学び、数多くのHP曲面によるシェルをメキシコでつくった（→⑦③, ⑦④）。

　ハイパボリック・パラボロイド（双曲放物面）の特徴は、鉛直面内の下向きの放物線を、上向きの放物線上で平行移動させることによってできる曲面であり、最大の特徴は直線によって曲面を構成できることである（→⑦⑤, ⑦⑥）。

　そのため、幅の狭い木材を少しずつずらしながら敷き並べることで、曲面形状の型枠がつくれることから施工上のメリットが得られる。HPシェルは、多くの構造家や建築家によって様々な建築形態がつくられたが、キャンデラの最大の特徴はフリーエッジといわれる、断面の薄さが境界部である端部でそのまま見えてくることである。同時代につくられたシェル構造と比較すると、その形態がいかにシャープで軽やかであるかが一目瞭然である。

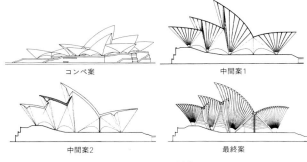

⑦⑦——シドニーオペラハウス

⑦⑧——シドニーオペラハウス　コンペ案から最終案

　RCシェルの曲面形状は、キャンデラのようにHP曲面や球面、円筒等の幾何学的な形状で構成することによって計算や設計が容易となり、施工性においても型枠等の合理性が得られる。

　一方もっと自由な形状で、建築空間をつくることができないかといった発想は現代のみならず多くの建築家の形態に対する欲望でもある。

　ヨーン・ウッツォンによるシドニーオペラハウスのフリーハンドによるコンペ案はアラップ社の全面的な協力で実現へと至るが、オーブ・アラップをはじめ多くの優れたアラップ社のエンジニアを悪戦苦闘させ、最終案である実現案に至るまでに多大な設計時間を要している（→⑦⑦,⑦⑧）。

⑦⑨——逆吊り膜による原理

　このような自由曲面の困難さを合理的な方法で解決し母国スイスにおいて1000個を超えるRCシェルをつくったのが、ハインツ・イスラーである。

　有機的で自由な形態が特徴的であるイスラーのシェルは、ガウディの逆吊り実験を応用し、面材である布を用いて形状がつくられている（→⑦⑨）。この自由曲面の形状は、コンピュータ技術がまだ発展していない当時、実験による手法を取り入れることによって自由曲面の設計を行い、構造の合理性と形態の自由さを得ている（→⑧⓪）。

⑧⓪——カリムノのガーデンセンター

　またシェル屋根の外周部にリブの無いフリーエッジ

［第5章］……「構造」からデザインへ

155

は、キャンデラからの影響によるものである。構造史家でもある山本学治は、上記のアーキテクト・エンジニアの作品を普遍的創造として高く評価している。

しかし1960年代後半以降、RCによるシェル構造の採用は急速に衰退し、鉄骨造による構成部材を離散化した軽量構造が大空間の屋根に用いられることとなる。それは曲面形状の型枠作成の難しさや人件費の高騰等が大きな要因として挙げられる。

6 日本における構造デザインのパイオニア

現在、日本の構造設計は、世界的に非常に高いレベルに達している。

日本では構造の検討の際に、地震や台風といった他国に比べて苛酷な自然条件に対する高度な技術的な対応と工学的判断が必要であるため、建築家は構造設計者を必要とし、構造設計者は常に建築家とのパートナシップによって建築の設計に携わることとなる。

この建築家と構造家のパートナシップの代表として挙げられるのが、丹下健三と坪井善勝、菊竹清訓と松井源吾★26、そして前川國男をはじめ戦後日本を代表する多くの建築家とのパートナシップによって作品を実現し活躍した木村俊彦★27である。

坪井善勝は東京大学の教授であり、丹下健三と大規模なRCシェルである「愛媛県民会館」(→⑧)を始めとして、HPシェルによる「東京カテドラル」(→⑧)や「駿府会館」等、

★26—松井源吾
(まつい・げんご、1920-1996)
日本の建築構造家。
早稲田大学名誉教授、
構造設計事務所ORS事務所設立。
優れた構造デザイン・建築構造設計を行った構造家に贈られる松井源吾賞を創設。

★27—木村俊彦
(きむら・としひこ、1926-2009)
日本の建築構造家。
前川國男建築設計事務所、横山構造設計事務所を経て木村俊彦構造設計事務所を設立。
代表作「東京文化会館」、「国立京都国際会館」

⑧—愛媛県民会館

⑧—東京カテドラル

数多くの空間構造を実現している。代表作である「代々木体育館」の特徴は、建物中央のメインケーブルに吊橋の原理を応用し、メインケーブルと外周は剛性をある程度有した吊材（半剛性吊屋根）を架け渡すことによって優美で独特なフォルムを形成した軽量構造である（→⑧）。大阪万博の「お祭り広場」では、建設当時の先端技術である鉄骨造によるスペースフレームによって1000m×300mの巨大な空間を構成している。

⑧——国立代々木競技場　内観

⑧——東光園

さらに、坪井は、地震国日本の構造システムとして壁式構造を研究開発する一方、センターコア形式による「香川県庁舎」を柱梁のラーメンフレームによって建物の初期剛性と靭性型の耐力を有した耐震システムとして、耐震設計の確立にも貢献している（→⑧）。

⑧——香川県庁舎

松井源吾は、早稲田大学の教授でありながら自らの構造事務所を所有し、多くの建築家との協働設計をしている。菊竹清訓の代表作である「出雲大社庁の舎」は、屋根の長手方向スパン37.5mを2本のプレストレス・コンクリート梁で構成し、「東光園」は主柱と添柱を貫梁で密度の高いラーメン構造とし、上部階は吊床構造による

⑧——出雲大社庁の舎

⑧——千葉県立中央図書館

⑧——京都国際会館

⑧⑨—海の駅なおしま

⑨⑩—瞑想の森

★28—佐々木睦朗
(ささき・むつろう、1946—)
日本の建築構造家。
法政大学名誉教授、
株式会社佐々木睦朗構造計画
研究所創設。
代表作「せんだいメディアテーク」、
「瞑想の森市営斎場」。

⑨①—ウォルト・ディズニー・
コンサートホール

大胆な構成と造形による作品である(→⑧⑤, ⑧⑥)。また研究テーマである光弾性(モアレ)実験を実建物の構造設計にも応用し、構造材料の特性を活かした明快な構造計画も特徴的である。

構造設計界のパイオニアである木村俊彦は、組織化された事務所体制ではなく、アトリエと呼ばれる少人数による個人の構造設計事務所にこだわりながら先鋭的な建築設計に取り組んだ(→⑧⑧, ⑧⑨)。戦後の日本建築を代表する作品はほぼ木村の構造設計の手によるものでもある。また何と言っても、木村の最大の功績は、現在の日本を代表する構造家である渡辺邦夫や梅沢良三、佐々木睦朗★28等数多くの人材を輩出していることである。特に佐々木睦朗は、伊東豊雄の「せんだいメディアテーク」をはじめ、繊細な鉄骨断面による抽象的で透明性の高いSANNAの作品(→⑧⑨)、さらには20世紀には実現が困難であった自由曲面による(厚肉)RCシェルを現代のコンピュータの能力と高度な解析理論によって実現している(→⑨⑩)。

7 これからの構造デザイン

コンピュータの加速度的な発達と解析技術の発展に伴い、建築の形態の自由度は高っている。21世紀に入り、ゲーリーの「ウォルト・ディズニー・コンサートホール(→⑨①)」やヘルツォークによる鳥の巣の愛称で呼ばれる「中国体育館」、ザハの流線形の独特のフォルムによる建築(→⑨②)等が百花繚乱的につくられ、建築形態の自由度の可能性はさらに進んで行くであろう。しかしそこでもなお重要となるのは、いかにつくるかといった生産性の向上や構法の合理化といった施工性の問題からは逃げることが出来ない。またその一方、一般的な建物であれば建築の設計図から構造解析ソフトとの連動によって建築家自身による構造計算も可能であり、カラトラヴァのように構造に

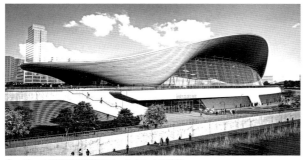

⑨2——ザハの流線形の独特のフォルムによる建築
（ロンドン・オリンピックスタジアムの完成イメージ）

⑨3——ワールド・トレード・センター・ステーション

も精通する現代のガウディのような建築家の存在も期待できるであろう（→⑨3）。

「構造のシステムが突き止められて、（中略）、それに行きついた時に、中の空間が一番テンションがかかった状態に見えてくる」、「構造のことを全く考えないデザイナーの作品は、見た目は面白くてもテンションが全然かかってこない。」この発言は、1990年11月号の『建築文化』「建築の構造デザイン」特集の座談会での磯崎新によるものである。

空間に対するテンションとは、構造システムによってその建築空間に力の張った緊張感を与えることであり、「構造デザイン」と「空間」の関係がいかに重要であるかと解釈できるであろう。

最後に、「構造設計は、構造に関するあらゆる知識、感性、経験を駆使して行う、全人格的な創作活動である」と川口衞は構造設計の基本的なあり方を述べているが、「構造デザイン」に取組むにあたっての至言でもある。構造設計の世界に興味のある人には、ぜひ念頭においてほしい言葉である。

【図版出典】
⑮——『建築大辞典　第2版』彰国社、1993
㉟, ㊲, ㊵, ㊶, ㊸——ローランド・J・メインストン『構造とその形態　アーチから超高層まで』（山本学治・三上祐三訳）彰国社
㊿～66, ㊼——山本学治『現代建築と技術』彰国社、1971
㊾, 80——撮影＝斎藤公男
⑨2——Zaha Hadit Architects

COLUMN…3
L・カーンと A・コマンダント

L・カーンとA・コマンダント ● 多田脩二

▶C3-1

▶C3-3

　ルイス・カーンの作品は構造面において大きく2つのタイプに分けることができる。「リチャーズ医学研究所」、「ソーク生物学研究所」、「キンベル美術館」、「オリベッティ・アンダーウッド工場」等の作品は、いずれもオーガスト・コマンダントによる構造設計であり、設計当時特殊な技術と能力を要するプレストレス・コンクリートをさらに従来にない発想と高度な技術的レベルの提案によるものである。

　A・コマンダントとの協働によるL・カーンの作品は、構造システムによる構築が明快であり、プレストレスを用いたコンクリートによって建築のデザインに対し徹底した構造的合理性と施工性、経済性等を考慮したアイデアによって成立している。またA・コマンダントは、プロジェクトの設計の初期段階からL・カーンとアイデアを論じ、正しいイメージをつくる手助けもし、構造担当として必要とされた。さらにはL・カーンの設計に対する苦悩に対しアドバイスと勇気づけもしていたようだ。

　中でもL・カーンの最高傑作とも評されるキンベル美術館のヴォールト屋根の構造的アイデアは秀逸である。ヴォールト状の屋根は4隅の柱のみで支持され、しかも屋根の頂部にはトップライトがスリット状に設けられている。アーチとしては成立しないこの屋根は、プレストレスを導入したサイクロイド形状によるヴォールトシェルであり、当時全米中のエンジニアの誰もが設計できない難解な屋根でもあった。

　しかし最後までこの屋根をアーチとして疑わなかったL・カーンはA・コマンダントの高い能力に対する理解はあっても構造の力の流れに対する理解はなかったようだ。一向に進まない工事に対してクライアントから告訴されそうになり、施工会社との折り合いが悪く険悪な関係であったL・カーンを救い、難易度の高い施工監理を建築家に代わって成し遂げたのはA・コマンダントである。しかし竣工後高い称賛と評価を得たL・カーンと美術館ではあるが、新聞社によるキンベル美術館の特集で建設に関わった全関係者のリストにA・コマンダントに関するクレジットは一切なかったようだ。当然、その後の華やかな開館セレモニーやレセプションに彼は出席することはなかった。

▶C3-2

▶C3-1　キンベル概観
▶C3-2　屋根のRC打設状況
▶C3-3　キンベル解析

第6章
近代以降の「建築と都市」

本章で扱う近代と現代の建築と都市は、

そのまま現在の都市と建築とつながっている。

ここでは、取り上げるべき多くのことがらの中から、

特に重要な事項を紹介している。

近代以降に何が生み出されたのか。

それらの背景は何か。

それらはどのように展開し、今に至っているのか。

他の時代以上に、この章で扱われている内容は、社会・

技術・表現・環境といったことと深く結びついている。

それらは今私たちの抱えている課題と

直接的に関わっている。

個別の建築の特徴や都市の状況を理解しつつも、

この時代がどういったものであるのかを、

広い文脈で捉えて欲しい。

......................今村創平

［第6章］.....近代以降の「建築と都市」

1 工学のあけぼのと計画と概念

（ 鉄 と ガ ラ ス に よ る 大 空 間 ）

近代の始まりをいつとするか、もしくは近代建築の始ま
りをいつとするかには、いろいろな説がある。ここで
は、いくつかの建築書で近代建築の冒頭によく置かれて
いる「クリスタル・パレス」（→①）から話を始めよう。

1951年、イギリスのロンドンにて、世界で初めての
万国博覧会で開催された。19世紀は、イギリスが大英
帝国としてその覇権を世界に展開した時期であり、万国
博覧会はその産物でもあった。それは、世界各地に出か
けて行ったイギリス人が、その地で見つけた珍しいもの
を持ち帰り、文字通り世界中のものを一堂に集めて展示
しようというのが、万国博覧会のそもそもの主旨だった
からである。とはいえ、膨大な量の展示品をひとつの空
間に収められるような巨大な建築を、短期間かつローコ
ストで完成させるのはとても難しいことであった。そう
した難題を解消したのが、クリスタル・パレスであった。

クリスタル・パレスは、鉄とガラスでつくられた巨大
な温室のような構造物で、実際設計を手掛けたのは温室
技師のパクストンであった。このような時代を画する記
念碑的な建物の計画に際して、建築家たちの案にはどれ
も実現性がなかった。このクリスタル・パレスは、確か
に壮大な建造物であるが、一方で特にデザイン的に優れ
ているわけではない。それが近代建築の先駆けとして重
視されるのには、いくつかの理由が挙げられる。

ガラスと鉄といった部材からなり、それらは工場で大
量につくられた規格品であった。そして、それらの部材
を現地で組み立てる、いわばプレファブリケーションの
工法が採用されていた（第4章参照のこと）。ガラスに覆わ
れていたので、内部はあたかも屋外にいるような光あふ
れる空間であった。この空間が訪れた多くの人を魅了し

①―クリスタル・パレス

たことは言うまでもなく、とりわけ石造建築の薄暗い空間を常としていたヨーロッパにおいては、斬新であった。こうした新しい時代の到来を予感させる空間を生み出したのは、建築家ではなく、技師（エンジニア）であった。建築家たちは従来の美学や思想に捕らわれていたが、技師は純粋に目的を果たすために、当時の最先端の技術を採用し、結果としてこれまでにない空間を生み出していた。

　このように、クリスタル・パレスという建物は、以降の近代建築にみられる様々な特徴を兼ね備えていた。万博の会期を終えた後移築され、その後残念なことに焼失してしまったが、当時の類似した建物は各所に残されている。まず、クリスタル・パレスの元となった温室の代表作として、キューガーデンの「パーム・ハウス」をあげることができる。それから〈パディントン・ステーション〉、〈セント・パンクラス・ステーション〉、〈パリ北駅〉（→②）など、大空間を持つ駅舎が当時多くつくられた。これらは何本ものプラットフォームを覆う大空間をやはり鉄とガラスで実現していたが、興味深いのはいずれの駅も都市に対するファサードは従来の石造りだったことである。これは、鉄道というこれも当時の最先端の技術

②―パリ北駅

［第6章……近代以降の「建築と都市」］

の場所として、鉄とガラスの空間が相応しいとされたものの、それをそのまま都市に露出するのは、はばかられたためであろう。

(技師エッフェルによる鉄の大構造物)

一方で、鉄をつかった記念碑的な構造物としては、エッフェル塔（→③）が挙げられる。今となってはパリには欠かすことのできないランドマークとして愛されているが、出来た当時は醜い構造物として非難轟々であった（このことは同じくパリに1980年にできたポンピドーセンターが、工場のような外観だと厳しく非難されたものの、今ではパリの名所として馴染んでいることを思い起こさせる）。

他にも、パリにある国立図書館やオルセー駅（現オルセー美術館）は、いずれも鉄骨造により内部に明るい大空間を有する、鉄骨造を積極的に採用した事例として重要であるが、外観はそれを微塵も感じさせない重厚な石造りとなっている。

ちなみに、エッフェル塔という名称は、その設計を手掛けた技師、ギュスターフ・エッフェル[★1]から取られている。設計者の名前が、世界的記念の日の名前になっているとは、エッフェルの業績のほどが知られる。エッフェルの仕事としては、エッフェル塔が有名であるが、彼は世界各地に、新しい素材であった鉄を使って、世界各地に見事な橋をいくつも残している。そもそも近代の代表的

★1—アレクサンドル・ギュスターフ・エッフェル
（Alexandre Gustave Eiffel 1832-1923）
フランスの技師。手掛けた「エッフェル塔」があまりにも有名であるが、その他にも世界各地で多くの鉄橋などを手掛ける。

②—エッフェル塔

な素材である鉄が採用されたのは、建築よりも先に土木構造物であり、鉄の開発とととともに、18世紀後半のイギリスを皮切りとして各地に鉄骨橋が架けられた。それらが建築へと応用されたのである。

（ 20 世 紀 の 原 動 力 と し て の 技 術 ）

いずれにせよこうした新しい技術は、この後見ていく近代建築、現代建築の発展の大きな原動力となった。20世紀の特徴は様々挙げることができるが、そのひとつとして技術の時代といえるであろう。もちろん、技術とは人類の歴史とともにあり、原始の小屋にも技術はあった。しかし、これだけ技術が急速に発展し、その在り方が文明に対して支配的となったことはこれまでなかった（原爆や原発を挙げるまでもなく、こんにちは技術が人類を脅かしている）。それはあらゆるジャンルにおいてそうであったが、建築はその影響を特に強く受けている。

技術は、合理的な発想と並行して発展した。合理性は建築においてももちろん重視されてきたが、近代の特徴としてはそれが都市に応用されたことであった。それまでの都市の発展というのは、ある程度の意図は当然あったとしても、それは今日ほどではない。今日の都市は、隅々まで合理性が行き届いているか、もしくは都市を合理的に計画することが可能だと考えられている。

そのはじまりは、イギリスで田園都市を提唱したエベネザー・ハワードに遡ることができる。ハワードは、当時のロンドンの劣悪な環境から、緑豊かな郊外型の都市を構想した。それだけではなく、そうした田園都市を、科学的に計画できるとした。その発想は、ル・コルビュジエのボワサン計画に引き継がれ、また世界中に広まった。

［第 6 章］……近代以降の「建築と都市」

2 近代建築の空間

④—サヴォワ邸

　近代建築は、白くて抽象的な外観など、その形態がまずは目につくが、本質的に決定的なのは、それまでとはまったく異なる内部空間を生み出したことにある。それは、ゴシックの大聖堂や日本の書院造の空間などと比べて見れば、一目瞭然である。そこには、単なるデザインの違いだけではなく、建築と人との関係や建築のつくられ方が変わったことが背景にある。

(フリープランとラウム・プラン)

　おそらく、近代建築の空間としてまず挙げるべきなのは、ル・コルビュジエの初期の住宅に見みられる自由な平面であろう。「サヴォワ邸」(→④)や「シュタイン邸」では、構造体としての細い柱がグリッド上に規則的に並んでいるが、壁はランダムに配置されている。つまり内部空間の構成は、構造の制約を受けずにとても開放的なものとなっている。こうした空間の質をさらに進めたと言えるのは、ミース・ファン・デル・ローエの「バルセロナ・パヴィリオン」(→⑤)や「チューゲンハット邸」である。ともに極細の十字型の柱が水平に延びる屋根を支え、そ

⑤—バルセロナ・パヴィリオン

の下に壁が自在に置かれていることが見てすぐに感知できる、要素がきわめて限られた空間を持っている。

　実は、ミースのこうした美学に影響を与えていたのは、もう一人の近代建築の巨匠、フランク・ロイド・ライトであった。彼ら3人をして、近代建築の3巨匠と呼ぶが、ル・コルビュジエやミースに比べると、素材や装飾を豊富に採用したライトの建築は、抽象を特徴とする近代建築とかなり遠いものに思える。しかし、「ロビー邸」をはじめとするライトの住宅群は、空間の流れるような連鎖を特徴としており、それがオランダのデ・スティルといった前衛芸術運動に影響を与え、それがミースにも伝搬したのである。

　時代は前後するが、ウィーンの建築家アドルフ・ロースは「ラウム・プラン」をいう考えを提唱していた。ロースは、ル・コルビュジエよりも前の世代であり、「装飾と犯罪」というテキストで装飾を弾劾し、飾りのない白い近代建築の先駆けとされている。ところが、ロースの建築の内部空間は、ル・コルビュジエやミースのような、水平に広がる明るい空間とはまるで異なる。例えば「ミューラー邸」(→⑥)の室内空間は、濃厚であり、あたかも迷路のように立体的に入り組んでいる。近代建築の特徴とされる単純明快な構成とは対照的である。ロースはこうした空間をラウム・プランと呼んでいたわけだが、一口に近代建築の空間といっても、様々な質がものあるのである。

⑥——ミューラー邸

(均 質 空 間)

　ミースの前半期のヨーロッパ時代は、上述のように連鎖する空間が構想されていたが、後半期のアメリカ時代では、何もない四角く静的なの空間が提案されるようになる。ミースは、こうした空間をユニバーサル・スペースと呼び、それは文字通りユニバーサル、すなわち普遍

[第6章……近代以降の「建築と都市」]

167

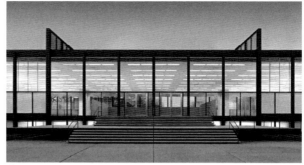

⑦—IITクラウンホール

的であり、もしくは何にでも対応できるような空間であった(→⑦)。特定の文脈を反映せず、具体的な機能にも関連しないので、ル・コルビュジエの唱えていた機能主義とも異なる。こうしたユニバーサル・スペースは、ミース自身によるものはある緊張感を有していたが、20世紀の特に後半以降世界中に大量につくられた同様な空間(現在もつくられ続けている)は、何の特徴もない平凡な空間となった。そうした固有の文化的特性を持たない空間が世界中に蔓延したのが、20世紀という時代であったともいえる。原広司★2は、こうした空間を「均質空間」と呼び、近代建築が生み出した負の遺産であり、乗り越えるべき対象として批判した。この問題は、建築の作家性の消滅や美学や思想よりも効率を求める建築の質の転換としても捉えられる。一方で、これは建築内だけの議論ではなく、建築に文化を求めず、均質空間を積極的に採用し続ける社会の存在といった、私たちの時代そのもの問題である。20世紀最大の難問のひとつである全体主義や、ますます支配的な趨勢となっている資本主義と、こうしたユニバーサル・スペースの問題は密接につながっている(原広司は、近代都市計画に基づく住宅団地と、アウシュビッツの収容所とが、まったく同じシステムと風景を有しているというショッキングな指摘もしている)。

★2—原広司
(はら・ひろし 1936−)
近代建築や近代的計画に対し批判的な姿勢を持ち、世界各地の集落調査を経て、独自の世界観を組み上げた。代表作として「梅田スカイビル」(1993年)、「京都駅」(1997年)がある。主著は『空間〈機能から様相へ〉』(1987年)。

建築家として、そのような現代社会の構造といった視線で現代建築や現代都市について発言を続けているのは、レム・コールハウスである。彼は20世紀になって世界中につくられ続けているそうした空間を、「ジャンク・スペース」、すなわちゴミのような空間と辛らつに評している。

（ オフィスの空間 ）

　さて、概念的な話はこの程度とし、少し具体的な事例で、ユニバーサル・スペースについてみてみよう。実際、今世界中でつくられている空間のほとんどすべてがユニバーサル・スペースだといえるわけだが、特徴的でよくわかりやすいのは学校や病院といった施設であり、さらにその典型と言えるのはオフィス空間であろう。オフィスとは働く場ということであるから、必ずしも均質空間を意味しないが、私たちが今日もっとも均質空間としてイメージしやすいのは、空調により温熱が、蛍光灯により照度が保たれ、無個性な空間にグレーのオフィス用家具が規則的に並ぶごくありふれたオフィスの風景であろう。さらにいえば、同じような服装に身を包んだサラリーマンがそこにはいる。均質空間で想定されていたのは、平均的で個性のない人間であった（哲学者のハイデガーは、こうした人を、「ダス・マン＝ただの人」と呼んだ）。状況としてこうした空間が無数に存在するわけだが、オフィスビルには上記で見てきたような近代以降の空間の問題が集約的に表れているともいえる。今後必要とされるのは、こうした均質空間モデルを乗り越える、そこで人々が生き生きと働くことのできる空間である。それは、個人の人格を尊重するヒューマンな視点といえる。一方で、昨今AIの進化により、誰にでもできるような作業は今後人間の手を離れ、創発的な行為が働き方に求められるといわれている。だとすると、従来のように、同質の労働者を大量に収納するのではなく、各自のそれ

［第6章］……近代以降の「建築と都市」

169

ぞれの自由な振る舞いを許容する空間が求められる可能性がある。20世紀に生み出された均質空間が今後どのように変容するのか、建築空間に関する重要な問いであり続けるだろう。

3 戦後日本における建築家と都市

(戦 後 復 興 …… 廃 墟 か ら 生 ま れ た 都 市)

　第2次世界大戦を終えたとき、日本は荒廃しきっていた。産業や社会体制をはじめあらゆるものが損傷し、機能不全に陥っていた。東京大空襲の被害を受け市街地の約半分を焼失した東京をはじめ、全国各地の都市は大きなダメージを受けていた。復興しようにも、先立つ資本や資材を欠いていた。戦前の状態に戻るのには、半世紀が必要といわれた。

　丹下健三[★3]は、そうした状況の中登場した建築家であり、東京大学の研究室で日本各地の復興計画を手掛けた。1949年に広島平和公園のコンペに勝つと、平和資料館を含む施設群が平和記念公園の中にシンボリックに配置されたマスタープランを提示した。言うまでもなく広島は原爆が世界で初めて投下された地であり、そこに丹下によって示された鮮やかなビジョンは、日本の復興を印象づける重要な役割を果たすこととなる。その後丹下は、東京オリンピックの国立屋内総合体育館（1964年）、日本万国博覧会（1970年、通称大阪万博）のマスタープランおよび中核施設であるお祭り広場の設計と、国際的な国家的イベントの象徴ともいえる施設の設計を担当し、見事にその期待に応えている。

(丹 下 健 三 と メ タ ボ リ ズ ム
…… 都 市 創 造 の 主 体 と し て の 建 築 家)

　丹下健三は、東京湾上に500万人のための海上都市を

建築のリテラシー

★3──丹下健三
（たんげ・けんぞう　1913-2005）
「世界のタンゲ」とも称された、戦後日本を代表する建築家。代表作として、「香川県庁舎」（1958年）、「国立代々木競技場第一・第二体育館」（1964年）など。

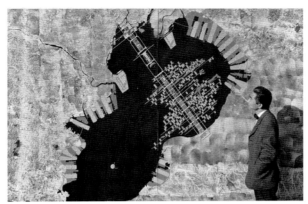

⑧──東京計画1960

つくるという、きわめて壮大な〈東京計画1960〉（→⑧）を発表した。その1960年には東京にて世界デザイン会議が開催され、その際に誕生したのがメタボリズムグループである。同グループの建築家やデザイナーへの丹下の影響は大きく、その提案内容と手法において丹下との連続性が確認できる。

メタボリズムグループの提案は、名称「メタボリズム＝新陳代謝」の通り、成長発展を許容し、促進する建築と都市をテーマとしていた。理想とされる完全な建築が持つ永遠性という、ピラミッドやパルテノン神殿から続く西洋建築の基本的性格を完全に否定するコンセプトともいえた。メタボリズムのプロジェクトは、様々な国際的建築雑誌に取り上げられ、瞬く間に世界に広まり、今日に至るまで、もっとも影響力を有した日本発の建築運動・理論である。

メタボリズムの主な標的は都市であった。それは戦後復興期から続く課題であり、とりわけ深刻だったのは住宅不足であり、土地不足であった。メタボリズムは、こうした社会の深刻な要請と急激な変化を強く意識し、海上や空中、塔状の建物の表面を新たな土地と見立て

★4─菊竹清訓
(きくたけ・きよのり 1928-2011)
メタボリズムを提唱し、1960年代の日本の建築シーンを切り開いた建築家。代表作として、「スカイハウス」(1958年)、東光園(1964年)など。

★5─黒川紀章
(くろかわ・きしょう 1934-2007)
メタボリズムのメンバーとしてデビューをし、代表作である「中銀カプセルタワー」(1972年)は、実現されたもっともメタボリズムらしいアイコンとして知られる。その他の代表作として「国立新美術館」(2006年)など。

★6─大高正人
(おおたか・まさと 1923-2010)
前衛的なメタボリズムのメンバーであるが、一番実直な作風で知られる。また、みなとみらい横浜など、数多くの都市計画を手掛ける。代表作に「坂出人工土地」(1968年)、「千葉県文化会館」(1968年)。

★7─ジェイン・ジェイコブス
(Jane Jacobs 1916-2006)
アメリカのジャーナリスト。近代都市計画を厳しく批判した著書『アメリカ大都市の生と死』(1961年)で知られる。机上の理論ではなく、現状の観察に基づく彼女の都市の理解は、今日再度評価が高まっている。

⑨─中銀カプセルタワー

た。丹下の〈東京計画1960〉が東京湾上であるのも、同じ理由による。菊竹清訓★4の自邸〈スカイハウス〉(1958年)は空中に持ち上げられ、もっともメタボリズム的アイコンとして知られる黒川紀章★5の〈中銀カプセルタワー〉(1972年)(→⑨)も、塔状の空中都市の提案である。大高正人★6の〈坂出人工土地都市〉(1961年)では、まさしく名前の通り空中に持ち上げられた人工土地が主要なモチーフとなっている。

(都市への懐疑　見えない都市
　……状況批判の対象としての都市)

磯崎新は、門下の建築家の中では丹下との直接的関わりをもっとも長く持っていたが、同時に師に対する一番の批評者でもあった。戦後復興と高度成長のさなか、誰もが楽観的に発展や進歩をうたう中、磯崎はそうした状況に対してたびたび懐疑を表明していた。磯崎の最初の建築雑誌掲載論考は「都市破壊KK」(1962年)という、いささか物騒なタイトルのものであった。

大阪万博のテーマは、「人類の進歩と調和」であったが、記録的な入場者を集めて大人気を博した未来都市を模したこのイベントは、一部からは冷めた目で見られてもいた。実際、開催の2年前の1968年には、世界各地と同様に日本においても激しい学生運動が勃発していた。また、ジェイン・ジェイコブス★7やクリストファー・

アレグザンダーの「都市はツリーではない」の都市論などが日本にも紹介され、世界の流れと並行するように、近代都市計画に対しても疑問が呈されるようになっていた。

　1973年にはオイルショックが起き、成長の限界が唱えられる。その前の1960年代から公害が深刻な社会問題となっており、環境問題やエネルギー問題といった、今日の最重要問題がこの時期に真剣に語られるようになった。

　この時期以降日本において都市とは、技術官僚が計画し、資本主義が支配するものとなり、建築家による直接的関与は限定的となる。現代都市を分析し、批判する理論はより高度となるが、建築家は都市創造の主体としての地位を追われることとなる。

(都市住宅……都市への批判と可能性)

　1970年代の社会情勢は建築界を直撃し、経済の落ち込みに比例して建設量は減少し、新しい世代の建築家たちの思考形成に大きな影響を与えた。かつてはあこがれの対象であった丹下健三やメタボリストたちは、今や批判の対象となっていた。彼らの思想や設計手法は受け継がれず、公共建築の設計の機会が与えられない中、彼らが主に手掛けたのは住宅であった。

　1968年、植田実★8が編集長を務める月刊誌『都市住宅』(→⑩)が創刊され、独自な編集内容により、とりわけ若い世代に支持されていた。同誌には、フィールドワーク系の誌面が多かった。この雑誌は都市に対する並々ならぬ関心を示す中、一貫して都市を人々の視線から捉えていた。丹下健三やメタボリズムによる俯瞰的な都市への視線とは対照的に、実際に都市に足を運びその現状を観察した。それは、都市を観念的に捉

⑩—都市住宅創刊号

★8—植田実
(うえだ・まこと　1935–)
戦後日本を代表する建築書編集者。雑誌『都市住宅』の初代編集長を務め、当時の若手建築家、学生に多大な影響を与えた。また、「住まいの図書館シリーズ」は100冊を超える。本人の著書も多数。

るか、リアリティとして受け入れるかという態度の違い
でもあった。

　こうした路上目線で現状のリアリティを観察、記録
する方法には先駆者がいた。関東大震災（1923年）直後、
今和次郎[★9]は、被災した市民のバラックでの暮らしから、
都市生活者の風俗まで、ありとあらゆる事象をきわめて子
細に記録した。1980年代には、建築史家の藤森照信[★10]
がアーティストの赤瀬川源平たちと路上観察学会を結成
する。近年では、現代都市を再解釈し独自の視点を提
供する、アトリエ・ワン[★11]（塚本由晴＋貝島桃代）による、
『メード・イン・トウキョウ』（2001年）などがある。

（90年代以降……社会的ふるまいを誘導する
**　　現代都市へのかかわり方）**

　1970年代に深まった都市への懐疑は、1980年代後半
のいわゆるバブルと称される現象により、なし崩し的に
忘れ去られた。人々は、享楽的で消費的な都市生活に
ふけった。しかし、1990年代の前半にバブルは崩壊し、
日本経済は停滞を余儀なくされ、そうした状況に重なる
ように、1995年に阪神淡路大震災が起き、2011年には
東日本大震災が発生する。人々は築き上げてきた都市環
境や建築物がもろくも大自然の力によって破壊される様
を目撃した。世界的にも、地球温暖化をはじめとする環
境に対する意識が高まる中で、フクシマの大惨事をへ
て、環境やエネルギーは日本社会の切実な関心事となっ
ている。

　また、人口減少をはじめとする日本の社会構造のネガ
ティブな変化が顕在化し、それは人々のメンタリティに
も暗い影を落とした。こうした閉塞感が漂う状況は当然
のごとく都市問題にも反映され、ひいては建築家の活動
にも大きく影響を与えている。そうした中、大きなビ
ジョンを描くことには興味を示さず、クライアントや周

★9―今和次郎
（こん・わじろう 188-1973）
民俗学者であり、建築論や
生活学でも活躍した。提唱した
「考現学」都市のさまざまな様相や
人々の様子を記述したものだが、
日本の建築界で1970年代頃から
盛んになる、フィールドワークの
先駆けともいえる試みであった。

★10―藤森照信
（ふじもり・てるのぶ 1946-）
建築史家であると同時に自然素材を
活用した建築の設計で知られる。
主著として『明治の都市計画』
（1982年）、主な作品に
「神長官守矢史料館」（1991年）、
「高過庵」（2004年）など。

★11―アトリエワン
塚本由晴
（つかもと・よしはる 1965-）と
貝島桃代
（かいじま・ももよ 1969-）による
建築家ユニットであり、
現代都市の分析でも知られる。
代表作に
「ハウス・アンド・アトリエ・ワン」

建築のリテラシー

辺住民とともに身の回りの生活を丁寧に組み上げていこうという態度を持つ若い世代の建築家たちが多く登場している。

4 現代建築の展開と表現

モダニズムの「白い箱」という様式は、インターナショナル・スタイルとして文字通り世界中に広まった。そして、合理的で経済的であり単純な形態を持つ近代建築は、20世紀の間に世界標準として各都市を埋め尽くした。一方で、こうした抽象的な形態は非人間的であるとか、シンプルな意匠は退屈であるとか、どこにでも蔓延する様子は凡庸だと、批判も多くなされるようになった。確かに、モダニズムの世界を切り開いたル・コルビュジエやミース・ファン・デル・ローエの建築は完成度が高く、一種の崇高さを伴っていたが、それらに追従した作品群は二流と言われても仕方がないところがあった。同時に、建築が一部の特権的な階層の所有物ではなく、民主主義のもと一般的な人々を対象にするようになり、そのことが建築の平凡化を促すのは、やむを得ないことであった。

20世紀の後半になって、こうしたモダニズムの限界を超えようという動きが出てくる。それらには、モダニズムの延長上でより豊かな建築をつくろうという流れと、モダニズムとはまったく異なる表現を模索する流れとがあった。いうなれば、前者はモダニズムを尊重しさらに展開させる試みであり、後者はモダニズムを否定し新たな表現を開発する試みであった。

（ モダニズムを超える……スターリングとカーン ）

イギリスの建築家ジェームズ・スターリング★12は、ル・コルビュジエへの心酔からそのキャリアを始めたが、1959年に完成した「レスター工科大学工学部棟」は、

★12—ジェームズ・スターリング
（Sir James Frazer Stirling
1926−1992）
イギリスの建築家。「レスター大学
工学部ビル」(1963年)は、
その造形や素材の扱いにより、
モダニズムを超える建築として、
一世を風靡した。他の代表作として、
「シュトゥットガルト州立美術館」
(1984年)。

［第6章］……近代以降の「建築と都市」

ヴォリュームがダイナミックに組み合わされた、独自の表情を持つ。それは、ロシア構成主義の前衛的な建築を髣髴させつつも、機能に従う形態という近代建築の理論が極端に応用されていた。また、レンガや産業革命時のガラスと鉄という、イギリス固有の文脈も反映されている。レスター工学部の建物と、「ケンブリッジ大学歴史

⑪—ケンブリッジ大学

学部校舎」(→⑪)（1968年）、「オックスフォード大学クインズ・カレッジ学生寮」（1971年）の3部作は、スターリングの初期の代表作となっている。

　アメリカの建築家、ルイス・カーンは、50歳の時に完成した「イエール大学アートギャラリー」以降、数々の名作を残している。それ以前も建築実務を手掛けていたが、この作品以降は明らかに建築の質が異なる。恐らく建築家自身も意識的に、建築に崇高さを求めるようになったからだろう。とはいえ、一部の宗教建築がそうであるように、秘教的なジェスチャーによって、特異な建築をつくろうとしたのではなった。カーンの建築に見られる、「サーブド・アンド・サーバント・スペース★13」といった機能を重視した発想や、構造や設備と一体化されたユニークは構成には、きわめて合理的な考えがベースにある。

★13—サーブド・アンド・サーバント・スペース
served and servant space
カーンは、その建物の主要な用途に使われる空間を「サーブド・スペース」、それを支える動線や設備のための空間を「サーバント・スペース」と呼び、それらを明快に分け、建築の表現ともした。

興味深いのは、スターリングにしてもカーンにして
も、モダニズムが提唱していた理論を推し進めること
で、異なる表現の質を獲得していることである。彼らの
建築は、モダニズムを超えたとも、モダニズムに新たな
可能性を付加したとも評価できる。

（ ペ ー パ ー ・ ア ー キ テ ク ト と 斬 新 な 表 現 ）

　近代建築には、合理的で実利的な側面があったが、そ
れは建築を抑制し、閉塞させる要因ともなった。現実的
でまっとうな対応が、大衆社会の中では、平凡化に陥る
というジレンマがあった。
1950年代後半ごろから、モダニズムに反発して、ア
ヴァンギャルドの建築をめざす若者たちが世界各地で登
場するようになる。それらは、斬新さゆえに実現に至る
ことは少なかったが、実際に建てることよりも、紙の
上での建築の方が大事だと主張したのは、ロンドンの
建築家グループ、アーキグラム★14であった。アーキグ
ラムというのは、アーキテクチュア（建築）とテレグラム
（電信）を組み合わせた造語で、今であれば、建築とイン
ターネット、もしくはAIといったニュアンスであろう
か。いずれにせよ、このグループの若者たちは、未来的
テクノロジーをまとった新しい建築像を提示した。そこ
では、実現性よりも発想が重要であり、こうした紙の上
の建築はペーパー・アーキテクトと呼ばれ、それは所詮
絵に描かれただけという揶揄でもあったが、本人たちに
とっては紙の上こそが勝負だと自負していた。
　その後、アーキグラムに限らず、世界中に幾人もの
ペーパー・アーキテクトが誕生し、彼らは建築の可能性
をあらゆる方向に拡張した。それらの中には、セドリッ
ク・プライスによる「ファン・パレス」という実現されな
かったプロジェクトを発想の源にし、国際コンペを経
て実現された、リチャード・ロジャース★15とレンゾ・ピ

★14—アーキグラム
Archigram
1961年にロンドンで結成された
前衛的若手建築家グループであり、
斬新でSF的な作品を数多く発表した。
一方で、建築におけるメディアの
重要性を意識し、「アーキグラム」
という機関紙を発行し、
実現されることのない紙の上の
建築「ペーパー・アーキテクチュア」
という分野を生み出した。

★15—リチャード・ロジャース
ハイテク建築を代表する
イギリスの建築家。代表作に
「ポンピドゥー・センター」（1978年）、
「ロイズ・オブ・ロンドン」
（1984年）など。

［第6章……近代以降の「建築と都市」］

177

★16──ダニエル・リベスキンド
(Daniel Libeskind 1946–)
ポーランド系アメリカ人の建築家で、デコンストラクティビズム（脱構築主義）建築を代表する一人。代表作に「ベルリン・ユダヤ博物館」、「王立オンタリオ博物館」など。

★17──ザハ・ハディッド
(Zaha Hadid 1950–2016)
曲面を3次元的に多用した斬新な作風で知られる、イラク出身の女性建築家。代表作に「MAXXI 国立21世紀美術館」(2010)、「東大門デザインプラザ」(2014)など。

★18──ヘルツォーク・アンド・ドゥ・ムロン
(Herzog & de Meuron)
ともにスイス出身の、ジャック・ヘルツォーク (Jacques Herzog 1950–)とピエール・ド・ムロン (Pierre de Mueron 1950–)の二人による建築家ユニット。代表作として、「プラダ青山店」(2003年)、エルプフィリハーモニー・ハンブルグ(2016年)など。

⑬──ルイヴィトンファンデーション

アノによる「ポンピドー・センター」といった事例もある。また、ダニエル・リベスキンド★16やザハ・ハディッド★17は、すでにキャリアの初期には素晴らしいドローイングにより世界的に知られていたものの、実作を手掛ける建築家だとは見なされていなかった。しかし、彼らは新しい世界観を伴った提案により幾多のコンペに勝ち、今では数多くの実作を手掛けている。

⑫──アラブ文化研究所（ジャン・ヌーベル）

(ポストモダン以降)

1970年代後半にポストモダンということが、盛んに言われるようになる。これは建築に限らない文化全般に渡る議論であったが、その端緒が建築だったこともあり、建築界にも大きな影響を与えた。文字どおりの意味は、ポスト（＝以降）＋モダン、つまり近代以降ということであるが、建築では歴史的様式の参照など安易な傾向が目立ち、いつしか下火となる。しかし、近代を相対化するには重要な議論であり、実際にそれ以降、世界中で新しい建築表現が次々と登場する。それら新しい潮流をけん引しているのは、上記のザハをはじめ、ジャン・ヌーベル（→⑫）、ヘルツォーク・アンド・ドゥ・ムロン★18、フラ

ンク・ゲーリー（→⑬）といった建築家たちであり、彼らは「スターキテクト」（スター建築家の総称）とも呼ばれ、世界各地に斬新な表現をまとった建築群を多数実現している。

　こうした建築が実現できるようになった背景には、コンピューターの進化をはじめとする、新しいテクノロジーによる設計と施工の支援がある。奔放な形態で知られるゲーリーは、建築用の3Dキャドやそれらの施工と連動したシステムの開発にも携わってきた。こうした新しい表現は、BIM★19やデジタル・ファブリケーション★20といった最新の技術とも強く関連し、ここしばらく展開し続けるだろう。

5　ハイテク建築から環境建築へ

（ 再 登 場 し た 技 術 の 美 学 ）

　1977年、パリの中心部にポンピドーセンターが完成した。古くからの石造りの街並みの中に、鉄骨の構造や設備配管などがむき出しとなった、あたかも工場のような外観を持ち、それらが赤、青、緑などの原色で塗られた、特異な表情を有していた。この建築は、その後に次々と登場する、「ハイテク建築」と呼ばれる建築群の先駆けとなった。

　ハイテク建築とは、「ハイテクノロジーの建築」の略であり、高度な技術を前面に押し出した建築を指す。本章のはじめに見たように、近代以降の建築には技術の発展が大きく関与している。とはいえ、19世紀後半の温室や駅舎のように構造をそのまま表出する建築は、その後あまり発展しなかった。およそ100年近くを経て、そうした技術の美学を表現とする建築が再登場したことになる。

　ハイテク建築は、その特徴をいくつかあげることがで

★19——BIM
Building Information Modelingの略称で、ビムと称される。従来の3Dキャドにさまざまな建築情報を加えることで、設計、施工及びメンテナンスといった建築のライフサイクル全般において建築情報を管理することを可能とする。

★20——デジタル・ファブリケーション
デジタル・データを用いて、ものの製作を行う試み。例えば、3次元データを3Dプリンターに直接送ることで、これまでには困難であった形状のものの製作が可能になるなど、さまざまな可能性が模索されている。

［第6章］……近代以降の「建築と都市」

⑭—ロイズ・ビルディング

⑮—香港上海銀行本社ビル

★21—ノーマン・フォスター
(Norman Foster 1935–)
イギリスに生まれハイテク建築を代表する建築家。代表作に「香港上海銀行・香港本社ビル」(1985年)、「30セント・メリー・アクス」(2004年)など。

きる。まず、構造や設備の合理性を重視し、それらを覆い隠すことなく、そのまま建築の表現としている。建築の各部位を工場で製作し、現場ではそれらを組み立てる、いわゆるプレファブリケーションの工法が多く採用されている。そのことにより、現場の施工能力や天候などに左右されずに建物の品質を確保している。また、建物の中で、主たる機能のために使用されるエリア（広くてフレキシブルになっている）と、それ以外の設備機器や動線などの部分とを明確に分離し、経年による建物の更新を容易にしている。例えば、ポンピドーセンターやロイズ・ビルディング（→⑭）に顕著に見られるこれらの特徴は、ルイス・カーンが提唱したサービス・アンド・サーバントスペースや、メタボリズムの新陳代謝の発想の影響が指摘できる。

　ハイテク的傾向を持つ建築家はイギリスを中心として多数いるが、特にレンゾ・ピアノ、リチャード・ロジャース、ノーマン・フォスター★21の3人が著名である。彼らは、当初から、構造や設備といったエンジニアリングに強い関心を示し、その後エネルギー問題、環境問題がより重要な課題となるにつれ、彼らの関心もまたそちらへと重点を移していったのは自然な流れであった。

(ハイテク建築の源泉)

　建築や都市における今日のエネルギー問題や環境問題は、近代の経過とともに進行してきた。本章の冒頭で触れた産業革命は、生産方式の革命であっただけではなく、エネルギー革命でもあった。ジェームズ・ワットによる蒸気機関の発明は、産業革命の一因とされる効率的なエネルギーの生産の先駆けであり、その後も続くエネルギー生産技術の発展は、建築のあり方にも大きな影響を与えてきた。そして、電気、空調、その他機械設備が、近代的技術であることは言うまでもない。それらに

支えられてわれわれの今日の生活があり得るし、それらがなければ、超高層ビルをはじめとするいくつかの種類の建物は登場すらできなかった。

とはいえ、近代の初期から、エネルギーや環境が建築家の主要な関心であったわけではなく、あくまでも建築の用途や美学が優先され、それらの問題は副次的なものみなされてきた。例えば、空調機器、照明設備、その他設備機器は、20世紀の間に飛躍的に性能を向上させ、建物の質の向上に大きな貢献をした。しかし、それらは分野別の専門家の手にゆだねられており、それが証拠に、建物設備を建築計画に積極的に組み込んでそれを建物の表現ともしている事例は、20世紀の前半では、フランク・ロイド・ライトの「ラーキン・ビル」くらいしかめぼしいものがない。その次として挙げられるルイス・カーンの「リチャーズ医学研究所」までは、実に半世紀もの時間がたっている。ルイス・カーンは、構造や設備に対する明快な解法を追求し、それを建築と統合し、きわめて象徴性の高い美しい建築を生み出した。カーンの教え子の一人がリチャード・ロジャースであり、カーンの思想はハイテク建築へと継承された。もう一人、ハ

⑯——フラー＆フォスター（オートノマスハウス）

イテク建築の源泉を挙げるとすれば、それはバックミンスター・フラーであろう（→⑯）。フラーは建築家としての側面もあったが、発明家であり、そして思想家として巨人であった。フラーは、共同体的環境としての宇宙船地球号を唱え、大きな視点から、環境、エネルギーを理解し、独自の提案を行っていた。そのフラーの晩年に出会ったのが、ノーマン・フォスターであり、彼らは10年間にわたり協同し、そこで開発された思想はのちにフォスターが手掛ける多数の建築群の核となった。

（ 環 境 建 築 と 木 造 建 築 ）

　地球温暖化が長らく話題になり、日本では3.11が突き付けたエネルギー問題の顕在化により、環境に配慮する建築を設計することの必要性は、今日広く認知されている。ここ数十年に様々な環境配慮型の建築が実現され、多様な展開を見せている。とはいえ、それらはいまだ過渡期のものであり、今後も本質的、革新的な変化が起こることが期待される。

　例えば、エネルギーの問題は、単なる数値の改善で満足すべきではない。環境に対する処し方が変われば、建物の形状そのものが変わるはずである。数値が改善されていたとしても、相変わらず近代主義の箱型の建物を遵守しているだけで、根本的な発想は変わっていないといえる。

　昨今のもう一つの流れとして、木質建築に関する様々な新しい試みが挙げられる。例えば、これまでにない高層の建物や規模の大きな建物を、木材を主構造として実現されようとしている。この傾向にはいくつかの要因があるが、地球環境への配慮はその主要なもののひとつであり、環境負荷の少ない自然のリサイクル材としての木材の可能性が注目されている。ここでも、単に従来の鉄骨造や鉄筋コンクリート造での架構をそのまま木材に

置き換えるのではなくて、木材の特性を活かした建築のあり方が求められる。そもそも、日本の建築の歴史はイコール木造建築であり、それがその他の材料が主体となったのはせいぜいこの半世紀のことである。もちろん、歴史的な木造建築は、近代建築のような箱型ではなかった。木質建築の試みは世界で同時に進んでいるが、木材への親しみを知り、木造建築の奥深い歴史を持つ日本は、独自の木質建築を生み出すことに有利なはずである。

6 近代都市計画を乗り越えて

（近代都市計画批判）

ル・コルビュジエやCIAM★22が提唱した近代都市計画は、20世紀の間に世界中に広まり、今日の都市においてもその考えは基本的に有効といえる。一方で、そうした計画的な都市の問題点が、1960年代ごろから指摘されるようになってきた。ジェイン・ジェイコブスは、『アメリカ大都市の死と生』(1961年)の中で、近代都市計画は非人間的であり、それまでの近隣的なコミュニティを破壊してきたと糾弾した。クリストファー・アレグザンダーは、論考「都市はツリーではない」(1965年)の中で、近代都市計画の構造的限界を指摘した。フランスのグループ、シチュアシオニストは、近代都市における俯瞰性を批判し、個人が都市を漂う中で都市の断片を自由に編集する、〈心理的地理学〉を提唱した。

こうした様々な理論的批判が1960年代、70年代に登場した一方で、「プルーイット・アイゴー団地」の事件は、近代的計画理論の限界を象徴的に示す衝撃的なものであった（→⑰）。この団地はミノル・ヤマサキ★23が設計し、1956年に完成、当時は優れた集合団地の計画として高い評価を得ていた。ところがその後荒廃が進み、度重な

★22—CIAM近代建築国際会議
Congrès International d'Architecture Moderne（シアム）のこと。欧米のモダニズムの建築家たちが集まり、建築や都市について議論をした国際会議で、1928年から1959年にかけて11回開催された。

⑰—プルーイット・アイゴー団地

★23—ミノル・ヤマサキ
(Minoru Yamasaki 1912-1986)
日系アメリカ人の建築家。代表作として、3.11で破壊された「ワールド・トレードセンター」がある。

る改良計画も功をなさず、最終的には1972年にダイナマイトで、爆破された。その爆破の模様と瓦礫となった様子は、近代的計画の死を象徴するものとして繰り返し取り上げられている。

（リサーチと記述、コンテクスチュアリズム）

きわめて精緻に計画された近代都市に対して、それを乗り越えようという様々な試みが1960年代ごろから各地でなされるようになる。

ロバート・ヴェンチューリとデニス・スコット・ブラウン★24は、イエール大学の学生たちとラスベガスを訪問し、リサーチの成果とその分析を『ラスベガス』（→⑱）という本にまとめた。ラスベガスというギャンブルに依存した街は、良識のある人であれば相手にせず、とても模範とはなり得ないというのが常識的な考えであろう。しかしラスベガスは、現実に存在し、発展し、多くの人を魅了する街であることは事実である。ヴェンチューリとスコット・ブラウンは、そうした現実の都市から学ぶことの重要性を説き、またそこで起きている現象を分析し、ある記譜法を開発して記述した。こうした、今日世界中の大学や研究機関で行われている都市調査や分析の先駆けとなったのが、彼らの『ラスベガス』であり、原題はLearning from Las Vegas（ラスベガスから学ぶこと）であるように、現実の都市から学ぶことの重要性唱えることで、机上の理論となりがちな近代都市計画を批判したのであった。

コーリン・ロウ★25は、著書『コラージュ・シティ』にて、計画されて明快な構成を持つ近代都市に対して、コラージュ状に様々な要素が絡み合った都市の状態の魅力を説いた。コラージュとは、普段は関係のない要素が、不意

★24—デニス・スコット・ブラウン
（Denise Scott Brown 1931–）
建築家ロバート・ヴェンチューリのパートナーであり、共同『ラスベガス』をまとめた。建築家であり、また都市に対する考察を行っている。

A Significance for A&P Parking Lots, or Learning from Las Vegas. Commercial Values and Commercial Methods. Billboards Are Almost All

Right. Architecture as Space. Architecture as Symbol. Symbol in Space before Form in Space: Las Vegas as a Communication System. The Architecture of Persuasion. Vast Space in the Historical Tradition and at the A&P From Rome to Las Vegas. Maps of Las Vegas: Las Vegas as a Pattern of Activities. Main Street and the Strip. System and Order on the Strip, and "Twin Phenomena." Change and Permanence on the

⑱—ラスベガス
"Learning from
Las Vegas"（初版本）

★25—コーリン・ロウ
（Colin Rowe 1920–1999）
イギリスの建築史家。モダニズム建築の分析や都市に対する考察で知られる。主著として『マニエリズムと近代建築』、『コラージュシティ』がある。

に隣り合うことにより、新たな意味や価値を発生させるアートの技法である。計画された都市には何の意外性もないが、コラージュ・シティでは、異なる様式の建物が隣り合うことで、思いがけない活気を生み出すことがある。ロウはまた、近代建築が独立したオブジェであることを志向していたのに対して、都市の構成に編み込まれたような建築のあり方を示した。

ヴェンチューリとロウの議論はともに、建築を建築家による独立した作品とするのではなく、周辺環境と建築の関係を重視し、歴史、景観、地形、気候、人の流れなど、建築の建つその土地や都市を深く読み込み、建築に反映することを期待していた。これらは理論として提示されたわけだが、実際多くの建築家がそうした手法を用いた実作を手掛けるようになる。こうした手法を、コンテクスチュアリズム、文脈主義という。

(現 代 都 市 の 魅 力 と 難 題)

昨今、日本の人口は減り始めているが、世界で見ると人口の増加はとどまる気配がない。それに加え、都市への人々の流入により、以前に比べ都市に住む人の割合が非都市の地域に住む人よりも多くなり、世界各地で都市化が急激に進んでいる。数世紀前までは、100万人を有する都市は世界で数えるほどであったが、今では世界中に数百以上となっている。そうした成長し続ける都市環境をどう考えるかは今日の重要な課題であるし、きわめて興味深い対象であるといえる。

建築界において、こうした現代都市のことを批判的考えてきた建築家にレム・コールハースがいる。彼は建築家としてのキャリアをスタートする前に、『錯乱のニューヨー

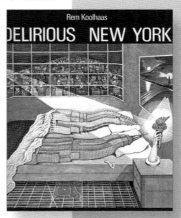

⑲──錯乱のニューヨーク
"Pelirious New York"（初版本）

ク』(1978年)(→⑲)という書物を書き、その中でニューヨークという特異な都市がいかに発展してきたかを、分析的に記述している。ニューヨークは20世紀を代表する都市であり、現代都市の様相がもっとも凝縮している都市でもある。レムは『錯乱のニューヨーク』の中で、ニューヨークを通して、現代都市とそこにある建築の問題を扱っていた。そして、この本の中での考察は、その後のレムの現代都市批判の中で発展的に展開されている。

レムは、その後も今日に至るまで、現代都市に関する批評を続け、ハーバード大学といった教育機関でのリサーチや自身の都市スケールでのプロジェクトの作製を通じて、現代の都市の特徴を指摘している。例えば、世界各地の都市が、どこも同じような凡庸なビルに埋め尽くされている様子を、〈ジェネリック・シティ〉(特徴のない都市、無表情の都市)と呼んでいる。また、長らく建築の世界では、美学や機能は語られてきたものの、経済や費用といった現実的な側面はほとんどまったく扱われていなかった。レムは、現代都市においてマネーは無視し得ない強大なアクターであるとし、経済と建築の関係の重要性を挑発的に説いている。

以上のように、近代都市計画の限界が指摘され、それを乗り越える方法が数多く議論されてきたが、現代都市の難しさは、現状の変化がわれわれの思考よりもはるかに早くダイナミックであることだ。かつての王や近代国家のような都市をコントロールする主体は不在であり、まるで野生の森が繁茂するかのごとく成長する都市に対して、われわれは何とかそこでの生を維持しているという現状がある。

【図版出典】
①—Royal Institute of
British Architects
④—Maurice Besset
"Who was Le Corbusier?",
Editions d'Art Albert Skira,
Geneva, 1968
⑤–⑦, ⑰—フリーライセンス画像
⑧—撮影＝川澄明男

第7章
「総合」としての建築デザイン

わたしたちは「建築デザインをどこからはじめ、
どう進めている」のだろうか。
初めて建築設計に取り組んだとき、何から手を
つけてよいのか途方に暮れたことを思い出す。
実際には「どこからでもはじめられる」と経験を
積んだ今はいえるが、しかしその「どこから」には、
欠くことができないいくつかの領域がある。
それらの領域がどんなことかを前もって知っておけば、
自分が今何を考え、問うているのか、
それが設計にどうつながるのか、意識的になれる。
それは建築デザインのはじめ方と進め方についての
ガイド、あるいはヒントとして役立つのではないかと思う。
本章ではそうした意図から、「総合する行為」としての
建築デザインが「問いかける」領域を、
具体的な事例を通して追ってみたい。

...................石原健也

1 4つの領域

　建築デザインを、どこからはじめ、どう進めるのか。

　経験を積んだ設計者にはそれぞれの流儀がある。例えば「まず敷地に立ってその場からイメージをつかむ」人もいれば、「要求面積を記した面積表の分析をはじめる」人もいる。さらに「骨組みを考える」ことからはじめることもあるだろう。同じ設計者でもプロジェクトごとに、はじめ方は異なるかもしれない。それらは「敷地に立つ」＝CONTEXT、「面積表の分析」＝PROGRAM、「骨組み」＝TECTONICと分類することができる。これに現代的課題であるENERGYという視点を加えて、4つの領域として整理できるのではないかと思う。

　CONTEXTは外側から、PROGRAMは内側から、建築を考えていくことである。このせめぎ合いが緊密なほど、建築は鍛え上げられ緊張感のあるものとなって現れる。一方TECTONICはモノとしての建築をどう組み立てるかという視点であり、ENERGYは建設過程と使用過程を通した環境負荷に係る視点である。どちらも建築という文化的営みを工学的に考えていく領域だといえる。

　では設計者はそれらの領域をどう横断し、全体をまとめていくのだろうか。つまり「どう進めるのか」ということだが、ここにも定石はない。そして実は、この点にこそ設計者個々の「立ち位置と志向性」が現れる。故に、同じ設計課題に対して100人いれば100通りの回答が出てくるのである。だからこそ、設計者は自らのそれに自覚的になることが重要である。

　建築デザインは常に4つの領域を通過してとりあえずの完成を見るのであるが、設計者によって、あるいはプロジェクトによって、端緒となるアイデアは異なる領域に現れ、その進み行きの中で立ち入る領域には偏りが生まれる。そのことを「立ち位置と志向性」といっている。

2　CONTEXT　いま、ここ、に建つ建築

　建築は大地に建つ。そして特定の場所が敷地となる。敷地は周囲との関係を切り離せない。その連続性を物理的コンテクスト（文脈）という。物語の中の一文が前後の流れ＝文脈と関係して意味を持つことと同じである。またその場所は今に至る来歴を持つ。古くからの時の流れの中で様々な変化を被ってきたはずである。そのことを時間的（歴史的）コンテクストという。いま、ここ、に建てようと計画される建築は、さしあたってこの2つのコンテクストとの応答が求められる。

　例えば、重要伝統的建造物群保存地区★1では、その地区のコンテクストへの完璧な調和が必要だろう。一方で、取り立てて意味あるコンテクストのない敷地も当然ありうる。現在の日本では、むしろ強いコンテクストが見つからないことのほうが普通かもしれない。しかしそんな場所も白いキャンバスではない。本節では明示的なコンテクストへの応答事例だけでなく、コンテクストの発見と創出がデザインの根幹にある事例も紹介しながら考えを進めたい。

　まずジェームズ・スターリングの仕事を取り上げる。初期の作品には「レスター工科大学工学部棟」（→①）というブルータリズム★2の名作がある。近代建築の発展として重要な作品だが、インターナショナリズム★3とは異なり、ここにもコンテクストとの応答がある。

★1──重要伝統的建造物群保存地区
城下町，宿場町，門前町など
全国各地に残る歴史的な集落・
町並みの保存を図るために市町村が
指定する地区。

★2──ブルータリズム
イギリスの建築家スミッソン夫妻が
提唱した荒々しいコンクリート
打放しなどによる彫塑的表現を
特徴とする近代建築の傾向。

★3──インターナショナリズム
国際様式として国や地域を超えた
世界共通の建築を目指した
近代建築の潮流。

①──レスター工科大学工学部棟
（設計＝ジェームズ・スターリング、1963）

［第 7 章］……「総合」としての建築デザイン

189

③──円形広場により前後の
ブロックをつなぐ

②──シュターツギャラリー新館（設計＝ジェームズ・スターリング、1984）
基壇上部の歩行者専用となるエントランス周り

④──裏ブロックの通り。
管理棟が既存の建物群に溶け込む

⑤──メンヒェングラードバッハ・
アプタイベルグ美術館
（設計＝ハンス・ホライン）

⑥──バロック庭園の軸線上に
位置する事務棟

レンガというこの地域の主たる材料を纏うこと。実験棟がキャンパス内の他の校舎と連続し、講義棟が緑のオープンスペースに面して塔として建つボリューム構成の2点においてである。その後スターリングは、よりコンテクストとのつながりを強めていく。後期の代表作としてシュツットガルトに建つ「シュターツギャラリー新館」（→②）がある。前面を主要道路が走り隣接して新古典主義の本館が建つ。裏手には街路型のアパート群が連なっている。交通量の激しい道路には基壇をつくり内部を駐車場とすることで、基壇上部は歩行者専用となる。円形広場がレベルの異なる裏手をスロープ状のプロムナードとしてつないでおり（→③）、事務棟はアパート群と一体となった街路景観を構成している（→④）。

ハンス・ホライン★4による「メンヒェングラードバッハ・アプタイベルグ美術館」（→⑤）は、バロック式庭園の一角を敷地としている。前面道路の対面には歴史ある市街地が連なる。ここでホラインは敷地の高低差に着目し、歩行者デッキを市街地内に伸ばして魅力的なアプローチを設けながら、バロック庭園のうねる壁を事務棟のガラスのカーテンウォールに適用し、庭園の軸線上に新たな風景を創出した（→⑥）。

ボレス＆ウィルソン★5の「ミュンスター市立図書館」（→⑦）は古都ミュンスターの街区型ブロックの約半分が

敷地である。ブロックの輪郭を保存しつつ内部に歩道を通し、街区に閉ざされていたブロックに新たなビスタを提供した。古都の屋根をモチーフとしつつ独自の愛らしい形態をちりばめた造形は、魅力的な都市空間の創出に寄与している（→⑧）。

これら3事例は物理的歴史的コンテクストをスタート地点とし、それらへの積極的応答が優れた作品に結実したものである。一方で、コンテクストへの対比的応答によって優れた作品となる事例も存在する。

フランク・O・ゲーリーの「ビルバオ・グッゲンハイム美術館」（→⑨）は、建築家の個性的表現（アイコン建築）として理解されることが多い。しかし実際に訪れてみると、都市の物理的コンテクストへの応答が際立つ建築であることがわかる。このことをゲーリー自身は次のように説明する。「良き隣人となることは、私にとって常に重要なことです。私のすべての建物はその周辺状況に関連し、ただ粗雑にそこに放り出すのではなく、関係改善をもたらそうとしています。」★6 中央広場から放射状に伸びる通りの突き当たりにそれはある。通りを歩いていくとその先に光り輝く塔状の造形が現れる（→⑨）。敷地に立つと隣接するネルビオン川の流れに反応した伸びやかなボリュームが橋やトラム線路を飲み込み、一体的な都市的創生物★7 となっているのである（→⑩）。

⑦──ミュンスター市立図書館
（設計＝ボレス＆ウィルソン、1993）

⑧──ブロックを貫通する歩道

★4──ハンス・ホライン
（Hans Hollein, 1934-2014）
現代オーストリアを代表する建築家。

★5──ボレス＆ウィルソン
（PETER L. WILSON 1950-、
JULIA B. BOLLES-WILSON 1948-）
ミュンスターを拠点に活躍する
建築家夫妻。

★6──『現代建築家20人が語る　いま、建築にできること』
Hanno Rauterberg, 水上優訳、
2010、丸善、p.47

⑨──ビルバオ・グッゲンハイム
美術館（設計＝フランク.O.ゲリー、1997）

⑩──川の流れと同調し橋を飲み込む造形

⑪―クローバーハウス
（設計＝宮本佳明、2006）

★7―都市的創生物
建築家アルド・ロッシが著書
「都市の建築」の中で言及している
Fatto Urbanoの邦訳。
都市を構成する建築、街路、橋などの
人工物の総称。

★8―宮本佳明『環境ノイズを
読み、風景をつくる。』
彰国社、2007

★9―宮本佳明
（みやもと・かつひろ　1961–）
日本の建築家。大阪市立大学教授。
1996年第6回ベネツィア・
ビエンナーレ建築展に共同出展し
金獅子賞を受賞。主著に
『環境ノイズを読み、風景をつくる。』
「ゼンカイハウス」が生まれたとき」
他。

★10―田根剛
（たね・つよし　1979–）
パリを拠点に活躍する日本の
若手建築家。20代に国際コンペで
獲得した「エストニア国立博物館」を
10年かけて完成させ、
新国立競技場国際コンペで入選した
「古墳スタジアム」とともに
注目される。

⑫―バードハウス（設計＝宮本佳明、2010）

　ここで日本の都市景観に目を向けてみよう。無為の自然環境に対して人為的（主に土木的）行為を重ねた挙句に現在がある。そのような地面に刻み込まれた人為の積み重ねが都市と建築に潜在的影響を与えているさまを「環境ノイズエレメント」★8と定義したのが宮本佳明★9である。一見して混乱の極みとも映る日本の都市景観に対して、宮本はその場の環境ノイズに耳を澄まし積極的に（時には挑発的に）応答する。それらの作品群はその場の成り立ちを顕在化し活気づける建築である（→⑪, ⑫）。

　同様な観点から興味深い事例が、若き建築家、田根剛★10が完成させた「エストニア国立博物館」（→⑬）である。田根はソビエト連邦時代につくられた敷地近くの滑走路を発想の原点にした。それは宮本のいう環境ノイズエレメ

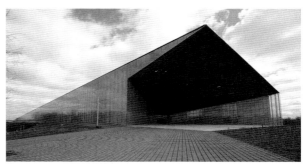

⑬―エストニア国立博物館（設計＝ドレル・ゴットメ・田根／アーキテクツ、2016）

⑮──校舎が背景となり生徒たちの活動が風景化する

ントそのものであったが、その直線的造形物を敷地内に連続させて大きなランドスケープ作品として、記憶とつながる建築をつくり出した。

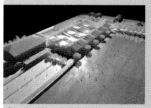

⑭──守山市立守山中学校
（設計＝石原健也／
デネフェス計画研究所、2017）

「守山市立守山中学校」（→⑭）は発想の原点が配置計画にあった。広大な敷地の中で、校舎の配置には様々な可能性がある。そこで着目したのが敷地周囲に連続するパブリックスペースであった。この連続にグラウンドの空地をつなげ、校舎はコンパクトにおさめることで、生徒たちの屋外活動が風景化された（→⑮）。オープンスペースを介したこのようなコンテクストへの応答は建築が主張しすぎない、穏やかな表現である。建築ではなく、こうした「場所を空けること」もコンテクストへの重要な対応であると考えたい（→⑯）。

⑯──校舎をコンパクトに配置して
オープンスペースをつなげる

以上、様々なコンテクストへの応答事例を見てきた。応答は様々であるが「ここに建つ」ことを外せない事例群である。ところでこの中にはいわゆる「町並み保存・修景」の事例は含まれていない。過去を未来に受け渡すという意味で大変重要であることは強調しておきたい。そのうえで、設計者は「いま」をどう考えるのかという点に立ち至る。時間的コンテクストの中で「いま」の持つ技術、価値観、ライフスタイルなどを考えざるを得ないのである。

3 PROGRAM　場所の構造

　建築は目的（特定の用途）をもって建てられる。用途ごとの建築種別をビルディングタイプという。建築計画学や建築法規はこの種別をもとに体系化されている。計画学は「誰でも一定レベルの間違いのない建築を設計できる知識体系」を目指してはじまった。法規は「建築が最低限守るべきこと」を外側（集団規定）と内側（単体規定）から定めたものである。したがって、これらに準じれば一定レベルの間違いのない建築にたどり着くことができるとされる。重要な知識であるが、本章では立ち入らない。

　建築は常にそのはじまりに立ち戻って考えることが大切である。建築のはじまりとは何か。その場所（土地）を占拠することである。区切りを設けて内側をつくることがはじまりである。そのために建築が要請される。しかし閉じることが建築ではない。「はじめに閉じた空間があったーと私は発想する。この閉じた空間に孔をうがつこと、それが即ち生であり、即ち建築することである」と原広司はいった。内をつくり外と媒介することが建築であり、内と外が通じ合うことで生きた空間となる。

　内側にさらに内側がつくられることがある。内に外が生まれ入れ子構造的な関係となる。このように関係の関係を考えていくことが「構造」を考えることである。この構造は人の集まりかた分散のしかたと無縁ではない。むしろ、そうした事象を契機として場所が構造化されると考えるべきであろう。このようにして、境界の構造を考えていくことが、そのプログラムと利用者のアクティビティ（活動と移動、コミュニケーション）を内側から考えることになる。

　機能主義的にこれらを考えることをプランニングというが、ここではその原点に遡って考えたい。

　行き過ぎた機能主義の批判的乗り越えを目指してチー

⑰—都市遺跡　プエブロ・ボニート

ム・テン★11が結成された。オランダ出身の建築家アルド・ファン・アイク★12はその中心メンバーの一人であり、「場所の構造」を考えたオランダ構造主義★13の主導者であった。ア

⑱—子どもの家（設計＝アルド・ファン・アイク、1960）

イクはアメリカニューメキシコ州に残る都市遺跡プエブロ・ボニート（→⑰）に注目した。そこには人が集まりひとつの領域を生きる場として共有する構造的なフォームが感じられる。この構造を合理的に現代建築として実現したものがアムステルダム市立孤児院「子どもの家」（→⑱）である。約125人の子どもたちの住まう施設として計画された孤児院は10の家の集合として計画された。家には中心としての屋内の遊び場（居間）があり、その先に子ども達それぞれ個人の居場所（ベッドコーナー）がある。家同士は雁行に配置され、それらが集まって中間の広場を囲む。その反転形態が集合することで大きな広場が生まれ、全体がひとつの都市のように統合されている。そのことで一人の居場所から家族、さらにその先の社会へと、人の集まり（場所）が構造化されている（→⑲）。

アイクはこの作品解説をこう締めくくる。「大きな世界の中の小さな世界、小さな世界の中の大きな世界、都市のような家、家のような都市、子ども達のための家庭、生存というよりもより良く生きられる場所、少なくともこの場所がそうなることを私は意図した。」★14この建築は現在、孤児院の用途を終えて多種の小さなベンチャー企業の事務所として使用されている。単なる機能的プランニングではない「場所の構造」を持っていたこ

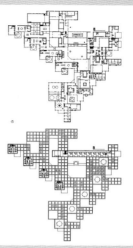

⑲—同上平面図

★11—チーム・テン
CIAM（近代建築国際会議）を批判して登場した、国際的若手建築家グループ。近代建築、近代都市計画を批判的に乗り越えようとした。

★12—アルド・ファン・アイク
(Aldo Van Eyck 1918-1999)
CIAMの若手世代で結成したチーム・テンを代表するオランダ人建築家。理論誌「フォーラム」の編集者としても活躍。代表作「子供の家」のほか、アムステルダム市内に700以上の遊び場を設計した。

★13—オランダ構造主義
1950年代末にアムステルダムを中心に生まれた建築傾向。均質空間を批判し、自らの場を中心に周辺と境界を意識した考え方。

★14—Aldo Van Eyck
『Writings The Child, the City and the Artist』p.222

⑳―アポロ・スクール（設計＝ヘルマン・ヘルツベルハー、1983）

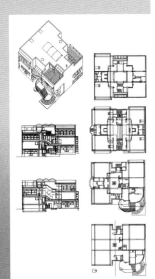

㉑―アクソメ図・断面図

★15―ヘルマン・ヘルツベルハー
（Herman Hertzberger 1932-）
オランダの建築家。チーム・テンの
建築家に大きな影響を受け、
人間中心の建築デザインを実践。
主著に
「都市と建築のパブリックスペース
―ヘルツベルハーの建築講義録」
など。RIBAゴールドメダル受賞。

★16―スキップフロア
同じ空間内で段差を用いて
場所を形成する手法。

★17―アムステルダム派
1910-20年代にアムステルダムで
活動した建築家グループ。
レンガによる曲面表現に特徴があり、
ドイツ表現主義との関連が見られる。

★18―ミケーレ・デ・クラーク
（Michel De Klerk 1884-1923）
20世紀初頭にアムステルダムを
中心に活動した建築家集団
アムステルダム派の中心的建築家。
オランダ近代建築の父、
ベルラーへの影響の元、
集合住宅の設計で活躍した。

とが、会社間のコラボレーションを促すインキュベーション施設として再活用された理由であろう。

　ヘルマン・ヘルツベルハー★15はアイクの思想と方法を発展させた建築家として名高い。事務所建築や学校に名作が多い中で、アムステルダムに建つ「アポロ・スクール」（→⑳）を紹介したい。この校舎の第一の特徴は中央に階段教室ともなる大階段を挟んでスキップフロア★16状に教室が向かい合う構成にある（→㉑）。トップライトからの採光によって明るい広場となるこの場所を中心に全体がつながっている。クラスルームはルームというよりコーナーのような場所である。同じ構成の校舎2棟がL字に配置されてエントランス広場を囲うことで学校が構成されている。ヘルツベルハーはチーム・テンの最年少メンバーであった。彼らが共通して使用した鍵概念に「ドアステップ」がある。この日常語に込められた意味は、内部と外部のつなぎ目、蝶番のように内外を反転させる心理的閾である。ここを豊富化するデザインをもとも追求したヘルツベルハーは、アムステルダム派★17、ミケーレ・デ・クラーク★18のエイヘンハールト集合住宅（→㉒）からの伝統を継承している。例えば校舎の2階エントランスに向かう階段手摺りは大きく円弧を描きベンチとなる。階段下を明るくするために段床は半分ガラスブロックだ。階段を支える柱の足元も円柱状のベンチとなる。建物角は小

㉒——エイヘンハールト集合住宅（設計＝ミケーレ・デ・クラーク、1920）

さく欠き取られて一人用のバルコニーとなり、1階エントランス脇では窓がずれてベンチ状の大きな窓台に変わる。このような小さな場所の構成を、ヘルツベルハーは「心を誘う形態」と呼ぶ。「ドアステップ」という概念的な「線」が境界周りの具体的な「面」へと展開され、校舎周囲が子どもたちのコミュニケーションの場として、生き生きとした風景を生んでいる（→㉓）。

同時代のアメリカで、「場所の構造」に原理的に取り組んでいた建築家がルイス・カーンである。晩年、カーンは一枚のスケッチに「建築は部屋をつくることからはじまる」と記す。「The Room」と題されたこのスケッチにはカーンの思索の根源が現れている（→㉔）。部屋は向かい合う二人を大きく包み込んでいる。暖炉が部屋に中心を与え、窓が外の世界とのつながりを生んでいる。こうした原型を示すと同時に、カーンは「平面図は部屋の共同体だ」★19という。それはプエブロ・ボニートが暗黙のうちに示していたものと通ずるものであろう。

カーンの最晩年の作品「イエール大学英国芸術センター」（→㉕）を見てみよう。コンクリートの均質なフレー

㉓——放課後の校舎前の風景

㉔——ルイス・カーンのスケッチ「The Room」

★19——『ルイス・カーン建築論集』鹿島出版会、1992より

㉕──イエール大学英国芸術センター（設計＝ルイス・カーン、1977）

㉖──光が降り注ぐ中央ホール

ム構造の中央に居間のようなホールがあり、それを回廊状のギャラリーが取り巻いている。均質な光が降り注ぐ中央ホールは広場のようでもあり、周りの回廊から、開口部越しにその空間を見下ろすことができる。ここではカーンの作品のなかでもっとも合理的構成による「ルーム」と「ルームの共同体」が実現されている（→㉖）。

　スタジアムは数万人が同時に集うことができる貴重な建築だ。そこに「場所の構造」をつくり出したのが仙田満[20]による新広島市民球場である（→㉗）。

　仙田はかねてから7つの原則に基づく「遊環構造」[21]を

★20──仙田満
（せんだ・みつる　1941-）
日本の環境建築家。
東京工業大学名誉教授。
子どものための遊具・建築・都市を貫く環境形成理論を探求・実践する。
主著『環境デザインの方法』他著書多数。
作品「新広島市民球場」
「国際教養大学図書館」など多数。

★21──仙田満『環境デザインの方法』彰国社、1998

㉗──新広島市民球場（設計＝仙田満＋環境デザイン研究所、2009）

提唱してきた。菊竹清訓のもとで学んだ仙田は、菊竹が提案した建築デザインのプロセス「か・かた・かたち」[22]の「かた」に、この構造を位置づける。構造はスケールを超越するがゆえに「まち」の構造としても「建築(例えば保育園)」の構造としても有効である。この球場は遊環構造が建築に適用された最大の事例だ。スタジアムを一周する無料ゾーンのコンコースが遊環構造の要となる。そこに取り付く多様なスタンドが観客の様々なアクティビティを許容する。象の鼻のように広島駅に向けて伸びるスロープがこの構造を都市に接続し、閉鎖的になりがちなスタジアム建築を開いた場所へと転換している。

「DNP箱根研修センター」(→㉘)は40人程度がグループ研修を行うために計画された、傾斜地に建つ地下1階地上1階の2層建築である。下階の研修ホールが中央に位置し、上階の4つに分かれるグループ研修室がホールを取り巻く一室空間となっている。7角形の緩やかな平面によって周囲ともつながり、内部の一体性と外部への連続性を同時に感じることができる「ルーム」が実現した(→㉙)。

以上、PROGRAMの領域を、人の集まりとしての場所のデザインという観点から見てきた。はじめに述べたように、ここでは機能主義的なプランニングの手前に立ち戻って考察した。しかし現代においてこうした構造は有効なのか、疑問の声もあるだろう。「場所の構造」は場合によって様々な活動の「制約」となりかねないからだ。機能に基づくプランニングは、そうした制約を解放するために生まれたともいえる。その極北がミース・ファン・デル・ローエが示した均質空間であろう。だがはたして、均質空間が人間の生き生きとした活動風景につながるのかという点が、現代的課題といえるだろう。

★22——『代謝建築論　か・かた・かたち』彰国社、1969

㉘——DNP箱根研修センター
(設計＝石原健也／デネフェス計画研究所、2003)

㉙——内部はグループの場所と全体の場所がつながる一室空間

4 TECTONIC 架構と空間

　地面に線を引き内外を分けることが建築のはじまりだとしても、まだ天と地の間が分けられていない。その場が3次元的に覆われたとき、はじめて建築が現れる。しかし線として描かれた空間はイメージの中にとどまり、いまだ概念的である。現実世界に現れる建築はモノであり、空間はその内部を経験する者の意識に現れるコトである。それは力の流れ、光とともにある表面の質感などが生み出すダイナミズムとして捉えることができる。

　重力に支配される中で材を組み立て、3次元に構築することを架構という。建築構造としての様々な形式・作法は第5章ですでに述べられている。本節ではより原理的に「モノを組み立てる」ときの表現という次元で考察してみたい。それはケネス・フランプトン[23]が「テクトニック（結構）」と定義する「構法的で触覚的な表現」の次元と重なるだろう[24]。

　構法はさしあたり、建つ場所や用途とは関係を持たない独立事象である。しかしその場所で入手可能な材料や組立て可能な技術の調達という点において場所の特性を反映してもいる。その特性が時間的空間的広がりとして共有されているとすれば、それは「文化」と呼ばれる次元となるであろう。現代ではそのような固有性や制約を建設場所から受けることはなくなりつつある。そのことが逆に現在、「地元の材料」で「地元の職人」がつくることの価値を再評価する機運にもつながっている。材料の選択を含む構法は、建築デザインの要となる領域であると同時に、表現を支える重要な次元でもある。

　太古からわたしたち人類は、その場で手に入る物質を用いて特異点としての場所を築いてきた。その証左として、先史時代の遺跡であるストーンヘンジ[25]（→⑳）を挙げることができる。はるかに広がる平原の中にそれはあ

建築のリテラシー

★23—ケネス・フランプトン
(Kenneth Frampton 1930−)
イギリス生まれの建築史家、理論家。
コロンビア大学教授。
ポストモダン勃興の時代に
「批判的地域主義」を提唱し地域の
特性を取り込んだモダニズム建築の
先行きを示した。
主著『現代建築史』。

★24—ケネス・フランプトン
『テクトニック・カルチャー
19−20世紀建築の構法の詩学』
TOTO出版、1995

★25—ストーンヘンジ
ロンドン西方200kmの
ソールズベリーにある

㉚——ストーン・ヘンジ

る。そこに巨石をどのようにして持ち込んだのかはいまだに謎なのだが、その時代の人々が強い意志をもって運び込んだことは明らかだ。環状に配置された巨石（メンヘル）が天に向かって立てられ、それらを水平につなぐ巨石が宙に持ち上げられている。ここに、TECTONICの原点を見ることができる。

時代はくだり、人類は鉄という素材を手にした。それを積極的に建築に用いるようになったのが19世紀である。バルセロナに建つボルン市場はシェルターとしての建築を、鋳鉄を用いて構築した好例だ（→㉛）。設計を担当した建築家ジョセップ・フォントセレ・イ・メストレ★26が、軽快な骨組みの中にいかに光を導き入れるかに心血を注いだが、この場に立つと実感できる。光が、この架構に、強烈な浮遊感を与えている（→㉜）。

ミースは鉄という素材に時代精神（としての技術）を見

㉛——ボルン市場
（設計＝ジョセップ・フォントセレ・イ・メストレ、1878）

★26——ジョセップ・フォントセレ・イ・メストレ（Josep Fontserè i Mestre　1829-1897）19世紀に活躍したスペインの建築家。代表作「メルカドデルボルン」の他、1870年にコンペで獲得したパルク・デ・ラ・シウタデラでは、若きアントニオ・ガウディの協力も得た。

㉜——ボルン市場（現ボルン・カルチャーセンター）の内部

［第７章］……「総合」としての建築デザイン

201

㉞——バルセロナ・パビリオン内観

㉝——バルセロナ・パビリオン（設計＝ミース・v.d.ローエ、1929（1986再建））

㉟——イリノイ工科大学
クラウン・ホール
（設計＝ミース・v.d.ローエ、1956）

㊱——アルテス・ムゼウム
（設計＝カール・フリードリッヒ・
シンケル、1830）

㊲——キンベル美術館
（設計＝ルイス・カーン、1972）

た。「バルセロナ・パビリオン」（→㉝）はアングルを用いた組み柱8本によって水平の屋根を支持し、磨き上げた大判大理石の壁が、無限定空間に対して内外に流動する場を生み出している（→㉞）。アメリカに移住したミースはH型鋼を手にすることになる。イリノイ工科大学クラウンホールは同じく8本の柱が支える大空間である（→㉟）。鉄骨フレームによる結構的表現が際立つこの建築は、ガラス面を支持するH型鋼の方立と連携した立面によって、新古典主義の建築家カール・フリードリッヒ・シンケルのアルテス・ムゼウムに接近することになった（→㊱）。

　鉄筋コンクリートによる結構的建築を挙げるとすればカーンによるキンベル美術館をおいて他にない（→㊲）。カーンは直立する柱に載るヴォールトの頂点に光を導入することを執拗に検討し、反射板の考案とともにヴォールトを光り輝く天井へと転換した（→㊳, ㊴）。このことは、結構が単なる構造デザインとは異なる「空間創造」の次元であることを示す事例として重要である（第5章コラムを参照）。

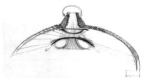

㊳——キンベル美術館
エントランスホール
㊴——カーンによる光に関する
検討スケッチ

木を用いた結構的事例は日本の社寺建築に数多い（第1章参照）。本節では千葉工業大学石原研究室学生との協働「わかば幼稚園」を取り上げたい。このプロジェクトに先立って、わたしたち石原研究室では東日本大震災の被災地で、仮設住宅の隣に人の集まりを促すシェルターをセルフビルドした。地元で手に入る木材、それも製材としては半端物の材長2m以下の材を前提に、ヴォールト状の覆いを考案した（→⑩）。この構築物と同じものを組み柱4本の櫓の上に載せて、園舎の中央に据えた。屋根は最も簡素な素材としてテント膜を用い、周囲の回廊を構成する木架構との間に架けられたワイヤーによるテンション構造が全体の力の流れを制御している。テント膜を通した明るい光が内部空間に行き渡る。その均質な光が、この架構を象徴的に浮かび上がらせている（→⑪）。

⑩——シェルター
（設計施工＝石原健也＋プレイグラウンドサポーターズ）

⑪——美田園わかば幼稚園（設計＝石原健也＋プレイグラウンドサポーターズ、2013）

　以上、いくつかの事例を通してTECTONICにおける架構と空間の関係を見てきた。モノ（素材）の組立てとしての架構が空間として現れるとき、光が重要な架け橋となっていることが理解できるであろう。このことを、カーンはこう表現する。「構造体は光を与え、光は空間をつくる」（ルイス・カーン）★27。

　現代建築における構造は構造家との協働を前提とした工学的領域として、建築デザインの重要な位置を占める。架構と空間を巡るせめぎあいの中では、時として工学と美学の衝突が避けられない場合がある。そこを乗り越える協働が必要とされ、むしろその先にこそ緊張感のある空間（例えばキンベル美術館）は生まれる。TECTONICという領域は、そのような次元のことである。

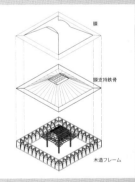

⑫——同上構造アクソメ図

★27——『ルイス・カーン建築論文集』鹿島出版会、1992より

COLUMN…4

図面化が困難なほど複雑な「かたち」

●薄いガラス板に「曲率」を与えると座屈に強くなります。ガラスはアルミとほぼ同じ硬さを誇ります。「硬い」ことは座屈に強いことです。すると「飛び出す絵本」のように折りたためる

▶C4-1

▶C4-2

構造にも応用できます。ただし厚みを持つ硬い板を連結して折りたためる幾何学が難問です。
●「幾何学パラメーター」の設定は「形態解析」

の腕の見せどころ。全体形状だけでなく、薄板に「くぼみ」や「しわ」を与える局所操作も有効です。花柄が応力なりに咲き誇る模様も生まれます。「可展面」は「線織面」の一種なのでつくりやすい形状です。
●こういう曲面に「局

所操作」を施すのも魅力です。「くぼみ」により小さな「くぼみ」を与えてさらに強くできます。これは「フラクタル」になりそうです。フラクタルがナチュラ

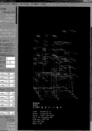
▶C4-3

ルな形態を生み出すかもしれません。

図面化が困難なほど複雑な「かたち」●佐藤淳

▶C4-4

▶C4-5

▶C4-6

▶C4-7

▶C4-9

●そんな「かたち」を「つくる」技術があります。鉄は「あぶり」で「ゆがみ」と「応力」をコントロールできます。そういう職人やNC（数値制御）技術を知って提案できる形態があります。宮大工の技を知り、複雑な「木組」を考案することもできます。濃淡ある木組は「こもれび」の空間を生み出します。「Sunny Hills」は材の組み方は複雑ですが、全体は「ボクセル形式」です。目標形が決まればフィードバックして材の配置を決めるのは容易です。
●フィードバックが一筋縄ではいかない形式があります。「Different Bricks」は目標の曲面を

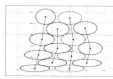
▶C4-8

つくるためにどんな楕円ブロックをつくればよいか知る必要があります。「楕円周長一定」「楕円同士の交点1つ」の条件のもと充填問題を解こうとしたら簡単には解けない4次方程式になりましたが近似的に解けました。「スタンフォード2015」はガラ

▶C4-10

▶C4-11

▶C4-12

▶C4-12

▶C4-13

図面化が困難なほど複雑な「かたち」● 佐藤淳 COLUMN…4

ス板が「レシプロカル」「ラメーレンダッハ（ラメラ）」と呼ばれる相互依存で安定する形式に近い形式です。1枚のガラスを3か所以上で留めるのは難航しそうです。ですが、アルミストラップを曲げ、ひねって孔に馴染ませる接合具のおかげで接合部に自由度があり、全体形のバリエーションが格段に増しました。これは、ぼんやりとした節点 FuzzyNodeと呼べそうです。

●「テンセグリティ」は設計が困難な構造の代表格。「3次元」の広がりを持たせる難問も魅力で、「膜テンセグリティ」など多彩なのも魅力です。「高弾性」のカーボンが鉄の2倍ほど硬いので座屈に強く、圧縮材に相応しい材料です。

● 音楽や木目の模様を心地よい、ナチュラルと感じるのは「1/fゆらぎ」だからだといいます。「The University Dining」は梁のピッチに「1/f ゆらぎ」のリズムを持たせました。その隙間からナチュラルな光が差し込みます。

●「かたち」が複雑化すると環境を感じられる可能性が出てきました。ワークショップスケールの試行では、極めて複雑な形状の設計法を探ることができます。「Komorebi Pavilion」のような複雑極める「かたち」を本格的な建築でも設計し、「つくる」ことができるときが近そうです。

▶C4-1　ファイバースブルグ・ビジターセンター（建築家＝石上純也＋Marieke Kums、構造実施設計＝ABT, 2017）10 mm＋10 mmの複層ガラスの曲面壁
▶C4-2　ステンドグラス風の「飛び出す絵本」構造（東京大学佐藤研究室）折りたたんだときに同じ層に位置するパネル同士は接触してはいけないなど満たすべき条件が多い。
▶C4-3　形態解析を適用した形状
House of Pease HOPEの自由曲面（建築家＝石上純也）、アメーバ形ボリュームの積層形態（建築家＝藤本壮介）House NAの多段スラブ（建築家＝藤本壮介）
▶C4-4　薄板が強くなる局所操作の例、花柄のエンボスをつけた銅板の試験体（東京大学佐藤研究室）
▶C4-5　2種類の可展面形状を連ねてリボン状の形態を構成する（建築家＝平沼孝啓）
▶C4-6　公立はこだて未来大学研究棟（建築家＝山本理顕）縦材と斜材で構成されるスチールメッシュ構造
▶C4-7　Sunny Hills in Aoyama（建築家＝隈研吾）「地獄組み」を応用して生まれた「木組」の構造ヒノキで硬めのE110を使用。トポロジカルに最適化される外形をフィードバックして材の組み方を知るのは容易。
▶C4-8　Different Bricks（東京大学小渕研究室）石膏製の楕円ブロックを積層する楕円充填の近似解
▶C4-9　スタンフォード大学ワークショップ2015「Transparent Structure as Perceptual Filter」1.3 mmと薄い超強化ガラス Leoflex, Dragontrailを使用。風景に溶け込むように光が透過する。
▶C4-10　アルミストラップによるFuzzy Nodeによって3ヶ所以上を接合しやすくなる。
▶C4-11　スタンフォード大学ワークショップ2014「Experiments on Geometries and Dynamics」テンセグリティに「3次元」の広がりを持たせる試み
▶C4-12　千葉商科大学カフェテリア「The University Dining」（建築家＝工藤和美＋堀場弘／シーラカンスK&H、幾何学アドバイザー＝千葉貴史／建築ピボット）薄っぺらいLVLの梁を斜め格子状に並べる
▶C4-13　ハーバード大学ワークショップ2017「Komorebi Pavilion in Gund Hall」PET樹脂をウォータージェットでくり抜いた雪の結晶のようなピースを組み合わす。嵌合とスリットへの挿入という接合方法が多様な位置関係を生み出す。難解な接合パターンを構造解析モデルに変換するアルゴリズムを構築。

5 ENERGY　流れる空気、明るさと熱

　建築が内外を隔てるエンクロージャー（覆い）であり、その内外を媒介することが建築の本義であるとすでに3節で述べた。よって境界にうがつ孔（出入り口や窓などの開口部）のあり方は決定的に重要である。開口部は、人の出入りだけでなく空気が風として太陽光が光として通過し、エンクロージャー全体の熱の還流も含めて内部の快適性を向上させるための欠かせない部位であり、長い年月をかけて熟成されてきた各地の伝統建築がその地の気候と相まってつくり出してきた、工夫の集積でもある。

　一方で、近代建築のはじまりをファースト・マシン・エイジと定義したレイナー・バンハム★28によれば、「科学技術とともに歩もうとする建築家はいまや、（中略）自分が背負っている文化のお荷物を（中略）まるごとかなぐり捨てなければならいことを承知している」★29とし、エアコンディショニングなどの環境制御技術を建築に統合する必要性を説いた★30。事実、現代建築に至る多くの建築が孔をダクトに置き換え、ガラスの壁を伴って現れた。しかし3.11原発事故以来、地球環境全体のエネルギー資源問題に及ぼす建築の影響の大きさを鑑みるに、バンハムが「文化のお荷物」とした伝統建築の開口部に関する工夫の集積も改めて評価の必要があるだろう。とはいえ、現代が獲得した「外部気候に左右されない快適な室内環境」をまるごと否定することも難しい。

　現在、こうした課題に対応するためにふたつの異なる方向の環境建築が目指されている。ひとつはエンクロージャーの外皮性能（断熱性）を格段に向上させ最小限の機械設備によりエネルギー効率を最大化する方向（ハイスペック型、バンハム流well-tempered の先端）である。この場合、開口部は小さく、あるいはlow-Eガラス★31をペ

建築のリテラシー

★28──レイナー・バンハム
（Reyner Banham 1922-1988）
20世紀を代表するイギリスの
建築史家・建築批評家。
ピーター＆アリソン・スミッソンや
アーキグラムなど、60年代
イギリスの若手建築家の
理論的支柱としてその後の建築家に
大きな影響を与えた。主著
『第一機械時代の理論とデザイン』。

★29──『第1機械時代の理論と
デザイン』1960、1976 、p.489

★30──レイナー・バンハム
『環境としての建築』新訳2013

★31──low-Eガラス
Low Emissivity（低放射）の特質をもつ
特殊金属膜でコーティングされ、
断熱性・遮熱性の高いガラス。

アあるいはトリプルにするなど高性能化し、内外の境界を強化することになる。もうひとつはエンクロージャーの性能向上は目指しつつ、その場の微気候を活用した開口部などの工夫により内外を媒介する建築の本義を発展させようとする試みである。

どちらもコンピューター・シミュレーションを援用して設計を進める点は共通している。後者のほうが確実性に乏しく、いまだ発展途上にあると思われるが、この方向に向けた研究と実践は急速に増加している。「守山市立守山中学校」もこの事例である。ここでは、設計プロセスの中で実施したシミュレーションを紹介しながら、その実際を解説する。

㊸―琵琶湖から流れる湖陸風

守山市域は琵琶湖に接する平坦な地形に広がる。琵琶湖の持つ大量の湖水（高い熱容量）★32により、夏期を中心に常に爽やかな風「湖陸風」が流れる（→㊸）。これを環境資源と捉え、卓越風に向けた開口部（昇降口など大きな開け放ち面）を設定した。併せて4つの中庭が、半屋外空間により内部でつながる。この効果をシミュレーションによって確認しながら「風の道」を形成している（→㊹）。

★32―熱容量
物体の温度を摂氏1度高めるための熱量。熱容量が大きいと「熱しにくく冷めにくい」性質となる。湖と陸では湖の方が熱容量は大きく、夜は陸が早く冷えることで陸から湖へ風が収束し、昼は陸が早く温まることで逆に湖から陸へ風が発散する。

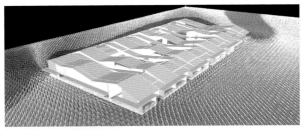
㊹―建物内に風の道を形成する

［第7章］……「総合」としての建築デザイン

207

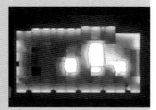

㊻―昼光による室内照度の検証

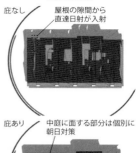

秋分8:00における2階床面への日射到達状況

㊺―建物内に射す昼光の検証

　学校建築は伝統的に日照による室内の明るさを大切にしてきた。日照は一方で熱も採り込む。その窓熱のために南面開口はカーテンで閉められ、内部を人工照明で調光することが一般的となる。このジレンマを解消するためには、室内に反射光を採り入れ蓄熱を遮る方法が有効である（→㊺）。ここでは部位により、ライトシェルフ、縦ルーバー、ブリーズ・ソレイユ（ル・コルビジュエ）などの遮熱採光方法を駆使して、春分から秋分までの直射光を室内に入れず、最大限の明るさが確保できるよう細かな検討を繰り返した（→㊻）。

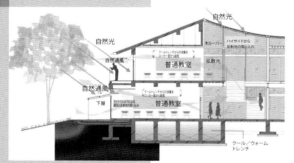

㊼―クール・トレンチの熱伝導性能の検証

　以上の手法により、直射光を遮った室内を風が流れる状態がつくれたとしても、人体という発熱体が集合する教室内が外気温より下がることはない。そこで外気温以下の熱を環境から採り出すことが必要となる。そのための手法のひとつに、外気温の変動に比較して安定した温度を維持する地下の利用がある。主に冷気を取り込むためのものを「クール・チューブ（あるいはトレンチ）」と呼んでいる。守山中学校では基礎躯体を兼ねたトレンチ状の空洞をゆっくりと流れる間に地下温度と同調した新鮮空気を室内に採り込む計画とした。シミュレーションによれば、最大3℃の外気冷却効果が見込める（→㊼）。

熱に関しては、日中に溜め込んだ室内の熱を夜間の外気低下時に放出するナイトパージと呼ばれる手法も有効である。RC躯体を外断熱仕様として内部に躯体を露出することで、その熱容量を利用して夜間の冷却効果を日中に持ち込むことが可能となる。つまり日中の内部壁が気温に対して低くなることで、わずかながらも冷輻射（冷たく感じること）が期待できるわけである。さらに、貯留した雨水を南面テラスの先端に設けた水盤に流し、気化熱による温度低下（打ち水効果）を狙う仕掛けも実施した（→㊽）。

㊽──雨水を再利用した水盤と直射光制御のための南面ルーバー

　以上、守山中学校における環境建築への取組みを紹介した。これら風・光・熱に共通する特徴は「弱い力」を扱うことである。また日々の気候変化は一様でなく、常に確率論的な不安定さも否定できない。こうしたパラメーターの微小さ・多様さ・複雑さ・不安定さも関係して、現時点でのシミュレーションは、風・光・熱に対して個別のパラメーターに特化したソフトを走らせる必要があり、パソコン上で稼働する統合ソフトは現れていない。さらに内外の温熱環境のモニタリングによる開口部操作など「適切な運用」を使用者に委ねる必要も生じる。このように様々な困難がありつつ、建築デザインがENERGYの視点から、その場の環境資源とつながっていく可能性が拓けていくことは重要である。しかしこの分野の進展は目覚ましく、近い将来BIMと連動しAIを組み込んだ設計ツールが開発されることは間違いない。そうした技術の援用で、どのような建築を求めるのか、設計者はその判断基準を厳しく問われるであろう。さらに内外の温熱環境のモニタリングによる開口部操作など「適切な運用」を使用者に伝える必要も生じる。

　このように複雑に絡まり合う条件をひとつの建築へと導き、それが有効に使用されることは容易ではないが、建築デザインがENERGYの視点から、その場の環境資源とつながっていく可能性が拓けていくことは重要である。

［第7章］……「総合」としての建築デザイン

COLUMN…5
環境へのアプローチ

建築界では、「環境建築」や「サステイナブル建築」が叫ばれるようになって久しく、社会からの期待も変わらず大きい。しかしそれは、単にエネルギー消費や二酸化炭素排出量を減らせばよいというものではない。「環境」の定義自身、自然的な環境から空間的な環境、そして社会的な環境までたいへん広範にわたり、「サステイナブル」とは「持続可能な」と訳されその理解も多岐に至ることができる。

私自身は環境設備エンジニアとして、エネルギー設備システムだけに働きかけるのではなく、歴史や風土といった背景から建築自身の在り方を考え、利用者の過ごし方や周辺地域との関係性まで広くアプローチすることでそうした期待に応えることを目指している。

ここでは、それぞれに個性的なアプローチを通じて実現した3つの好例を紹介する。

みんなの森　ぎふメディアコスモス
——伊東豊雄建築設計事務所

岐阜市の中心部に建設された「みんなの森 ぎふメディアコスモス」は、市立中央図書館、市民活動交流センター、多文化交流プラザおよび展示ギャラリー等からなる複合施設である。

環境へのアプローチ●荻原廣高

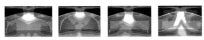
▶C5-2

全体をおおらかに包み込むシェルターとしての大空間、約90m四方の「大きな家」の中に、グローブと呼ばれるポリエステル製の傘に囲まれた「小さな家」が重なる設計コンセプトである。空間に浮かんでいるようにもみえるグローブは、周囲との連続性を確保しながらも柔らかい境界をつくり、個性的な居住環境がそこに生まれる(▶C5-1)。

トップライトからグローブを通じ透過する自然採光により、その下では読書や学習に適した、指向性の少なく柔らかい光に包まれる。またこの漏斗のような形のグローブは、その頂部から排出される空気の通風抵抗を大幅に減らし、図書館全体の自然通風効果を約30％増加させる。光や風はまた、季節や時間の移り変わりを映し、空間に豊かな表情を与えてくれる(▶C5-2)。

▶C5-3

加えて岐阜市の長い日照時間や、近くを流れる長良川の伏流水、こうした豊かな環境ポテンシャルを冷暖房や修景用水などにも利用している(▶C5-3)。

「大きな家」と「小さな家」が重なり、そして地域の風土を屋内外に映すことで生まれる空間の多様性によって、利用者自身は目的や気分に合わせて居場所を選べ、同時にその環境の不均質性が施設全体のエネルギー負荷を大きく削減させることを目指した。

▶C5-1

太田市美術館・図書館
──平田晃久建築設計事務所

群馬県太田市では、夏季には最高気温が40℃に達するような猛暑日が続く一方、冬季には赤城山から吹き降ろす「赤城おろし」と呼ばれる冷たい北風が吹き荒れる。一方春や秋は大変穏やかで、屋外で快適に過ごせる時間帯も年間の約40%を占めている(▶C5-4)。

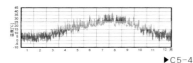
▶C5-4

市民ワークショップではこうした季節の変化を、利用者である市民と共有し、穏やかで心地よい季節に屋内の自然通風を行うことを提案した。加えて、その場で簡易な風環境解析ツールを用いて普段見ることのできない空気の流れを可視化し、室内のレイアウトが変わるとそれがどのように変わり、またそれがどんな場所や過ごし方を生み出すのか、市民と一緒に考えた(▶C5-5)。

▶C5-5

こうした市民参加プロセスを経た結果、四周の換気窓から取り込まれた風が、分散する個室(BOX)にからまるようにレイアウトされたスロープ(LIMB)に沿って0.1〜0.2m/s程度で穏やかに流れ、バランスよく館内の通風を促す計画へと到達した(▶C5-6)。

▶C5-6

ONOMICHI U2
──SUPPOSE DESIGN OFFICE

広島県尾道市に1943年に建てられた船荷倉庫(県営上屋2号)が、この街の新たな拠点

環境へのアプローチ ● 荻原廣高

COLUMN…5

▶C5-7

施設としてホテル、サイクルショップ、イベントスペース、レストランなどの商業施設へとコンバージョンされることとなった。

この倉庫を訪れたわれわれにとって、長い時間をかけ風化されつつあるコンクリート躯体の荒々しくも艶やかな美しさや、鉄扉に閉ざされた真っ暗な室内に明かりを落とす天窓が特に目を惹いた(▶C5-7)。そこで、既存躯体の肌を活かすため断熱は付加せず、直接人に熱を伝え(放射)冷暖房するラジエータを適所に配置した。また既存の天窓からの採光を頼りに、レストランやショップ、ホテルの

▶C5-8

▶C5-9

配置を議論した(▶C5-8)。

さらに、瀬戸内特有の海陸風にも注目した。鉄扉を開けると流れ込む海からの涼風が、屋内をぬうようにまんべんなく流れるようにデザインしている(▶C5-9)。

▶C5-10

街にとって、瀬戸内海へつながる風景の一部として人々の記憶に長く残されている倉庫であり、その姿・躯体をそのまま残すことで、街の歴史を継承しつつ人々に新たな場所をつくり出すことを提案した(▶C5-10)。

6 設計主体をひらく 参加と協働

　建築デザインという行為の中で検討される4つの領域についてみてきた。これらをどう横断するかはさしあたって設計者の自由だ。しかし現代においてTECTONICとENERGYの2領域は工学的比重が高くエンジニアとの協働が欠かせない。ではCONTEXTとPROGRAMはどうか。本節ではそのことを考えてみたい。

　ひとりの建築家の独創的アイデアが次代の建築を切り開く、という神話が終焉して久しい。かつての建築家は権力者の側にいて全体を取り仕切っていたこともある。ナチス政権の主任建築家アルベルト・シュペーア★33がその最たる例である。それは極端すぎるとしても、多くの重要な建築家が20世紀の近代化の過程で権力側の協力者として都市建設に邁進してきたことは事実である。つまり専門家として供給側に立ち、利用者とは切り離された立場にあった。これが転換されるきっかけとなったのが1968年5月革命と呼ばれたフランスにおける反体制運動である。この運動は日本にも飛び火し、1970年大阪万博を最後に建築家が国家行事を取り仕切ることはなくなり、以降、若手建築家の多くが個人住宅の設計に閉じていくことになった。

　一方、こうした変革をいち早く建築デザインの問題とし、実際のプロジェクトにおいて応答した建築家がいた。ベルギーの建築家ルシアン・クロール★34である。多様な意見を反映させた「ルーバン・カトリック大学学生寮」(→㊾)の出現はワークショップによるユーザー参加の源流となった。寮はブリュッセル郊外の大学都市に建っている。地下鉄アルマ駅(→㊿)につながる利便性の

★33—アルベルト・シュペーア
(Berthold Konrad Hermann Albert Speer 1905-1981)
ドイツの建築家。ヒトラー政権時にナチス党主任建築家として新古典主義による国家イメージの現実化を目指し、ベルリン首都改造計画「ゲルマニア計画」などを立案した。

★34—ルシアン・クロール
(Lucien Kroll 1927–)
ベルギーの建築家、都市計画家。「参加のデザイン」の追求から「エコロジカル・デザイン」へとプロジェクトを発展させたモダニストとして貴重な存在。代表作「ルーバンカトリック大学学生寮」他。

㊾—ルーバン・カトリック大学学生寮(設計＝ルシアン・クロール、1970)

㊿—地下鉄アルマ駅構内

高い立地である。駅に降り立ち改札を抜けて広場に出ると大きな山(家)形のシルエットが迫ってくる。1階に幼稚園が入り、広場とつながる階にはカフェもある複合施設である。ここでクロールは寮室個々にひとりの学生を割り当て、それぞれのニーズに基づくデザイン展開(ワークショップ)を行なった。300mmをモジュールとするグリッド内に自由な部屋と開口部の配置を許容したのである。その個別性がそのままファサードとして現れる(→(51))。そこには「ひとりの建築家」が自由さを表現することからは生まれない多様性が表出している。デザインに参加した学生が必ずしも実際に住まうわけではない。であるならその個別性は機能性を欠いたものとなるのであろうか。クロールは「多様であることが重要だ」という。自然環境と生物との関係(生態系で生物が選び取るニッチ)が理想だ(→(52))。これは標準化に対する強烈なカウンタープローザルである。

さらにドイツの建築家ペーター・ヒューブナー★35はゲルゼンキルヒェン総合学校プロジェクトにおいて、生徒である子どもたちを設計チームの主体として校舎を建設していく(→(53))。マスタープランコンペで獲得したプロジェクトであるが、中軸となるセンターハウス(→(54))をまず建設しながら、普通教室(子どもたちのハウス)群を年度ごとに増築し、6棟の異なるハウスが誕生した。(→(55))

(51)―多様な室内が現れる外観

(52)―地面/自然とつながる建築

★35―ペーター・ヒューブナー
(Peter Hubner 1939-)
ドイツの建築家。
シュツットガルト大学教授。
ユーザー参加の設計プロセスの実践により注目される。
作品集「Building As a Social Process」、邦訳「こどもたちが学校をつくる―ドイツ発・未来の学校」など。

(53)―ゲルゼンキルヒェン総合学校(設計=ペーター・ヒューブナー、1992)

(54)―配置案内図(中央を貫通する棟がセンターハウス)

⑤⑤──子どもたちが設計に
参加した教室棟

⑤⑥──教室内部

　各棟は木造である。学年ごとに事務所の担当スタッフがつき、1/10スケールの骨組み模型によって構造から生徒と「ともに」考えるという手法によって実現した。そこにはどんな「建築的価値」があるだろうか。それらは基本形を共有しつつ部分に様々な違いを生んでいる。仕上げは合板を多用して非常にラフである（→⑤⑥）。いつまでも未完であり続けることが意図されているように思われる。つまり「つくることと使うことがつながっている」のである。

　以上、ふたりの建築家には共通点がある。建築の具体的な「つくりかた」に精通していることである。実際、クロールはいち早くCADを設計に利用し多様なユニット生産と連動させていた。ヒューブナーはシュツットガルト大学で木造構法の教授であった。このふたりに加えて、SI（スケルトン・インフィル）構法の生みの親であるニコラス・ジョン・ハブラーケンを並べてみると、突出した芸術作品としての建築創作を目指す建築家とは違った、技術者的建築家像が浮かび上がってくる[★36]。これら技術者的建築家がユーザー参加のプロジェクトを推し進めてきたことは極めて重要である。多様な場を許容し、一方でそれを支える構法には合理性を求める。ここには

★36──N.John Habraken
"The structure of the ordinary"
Mit Press, 1998

建築のリテラシー

214

標準化されたPROGRAMに対する拒否の姿勢が鮮明だ。そこに美学がある。こうして建築家が独占的設計主体として芸術家のように建築を完成させるイメージは相対化され、多様な立場から設計に参加することを許容し、それらの意見を包含しながらPROGRAMを柔軟に読み換える姿勢と能力を持つ建築家が求められるようになった。

現在も、ワークショップをもとにユーザー参加を進め多様な意見を吸収することで設計が更新されていくことは、設計案が一般的価値観に絡め取られていくリスクを孕むと感じる建築家は多く、実際その傾向は否定できない。一方で、参加者は完成後のヘビーユーザーとして愛着を持って利用する主体となって、建築が生き生きと使われる可能性が高まる。こうした主体形成の意義を感じ取った若手建築家がセルフビルドも含めたプロセスをデザインし、まちづくりにも関与しながら様々な社会活動へと領域を広げている。例えば西田司★37が主宰するオンデザインによる「海士町プロジェクト」（→㊼, ㊽）はその好例である。そこでは、建築プロジェクト自体が生み出すsocial CONTEXTも重要なファクターである。このようにしてCONTEXTの読み取りやPROGRAMの読み替えなどにおいても、設計主体をひらき、inclusiveな姿勢で建築デザインを進めることが重要になっている。

★37―西田司
（にしだ・おさむ　1976-）
日本の若手建築家。代表作「ヨコハマ・アパートメント」が出展された2016年第15回ベネツィア・ビエンナーレ日本館展示が審査員特別賞を受賞。対話をもとにした設計手法で注目されている。

㊽―海士町プロジェクトのワークショップ風景

㊾―隠岐國学習センター模型
（設計＝西田司＋萬五直子・後藤典子／オンデザイン、2015）

第7章......「総合」としての建築デザイン

COLUMN…6
建築における
ユーザー参加とデザイン

建築手法としての参加
●ユーザー参加の下にデザインされた建築環境の特徴として、完成後にユーザーによく使われたり、新しい要望に合わせてうまく改善されたりすることが挙げられる。これはユーザーが自分たちなりの建築環境の使い方と、そのための空間のあり方を理解しており、状況に合わせて自分たちでさらに両者のあり方を変えていくことができるからといえる。

●豊かな街並みをつくり出す秩序（多様な生活スタイルが共存できるルール）は、一般的に長い年月をかけて生活と空間がお互いに適応していくことから生まれる。同様に、計画や設計の段階で将来のユーザーが加わるということは、彼らが図や模型を見たりつくり変えたりしながら、建物が出来る前から将来の使い方のシミュレーションを開始することであり、まさに「空間との適応」をすでに始めていることになる。だから、ユーザーが建築過程に参加することは、ただ民主主義的な手続きとして必要というだけでなく、「みんなが集まる場所」、まちの一部やまちそのものをつくるための非常に有効な建築手法だと私は考えている。ことに地域社会活動を支える公共的建築においては、その成果は施設の利用運営に直接的に影響する。

●コミュニティ施設の場合、ユーザーは多数であり要望も様々であるため、それらが齟齬をきたさず実現されるための仕組みづくりに関する議論が重要になる。しかし、同時に器である空間のあり方についても豊富に議論できないと、そもそもの利用運営の議論の幅も狭めてしまう。ユーザーの要望と空間のよく合致した関係を見つけ出すうえで、環境や空間の豊かな議論を支える専門家の知識は大変重要になる。したがって、このような成果を実現するには「市民の意見を伺う」だけでは足りず、環境デザインの専門的知識に支えられた「将来のユーザーとの対話」が求められることになる。

新しい価値観の創造と共有
●私は建築へのユーザー参加において、新しい施設で実現したいコミュニティ活動を支える空間の在り方＝コンセプトを参加者とともに見つけ出すことが、決定的に大事だと考えている。

●例えば、誰とどこを共用するのか、個別的にどこが利用されるかなど、参加者それぞれの願いを成り立せるための運営のルールや部屋のつながり方、開き方、敷地上での諸施設の配置などが一体となったものが「型」である。この「型」は、決してユーザーの意見からだけでは生まれることはなく、設計者が対話の中から提案していくべきものである。このコンセプト（参加者共有の目標、価値観）を計画の初期につくることができれば、後の空間細部の仕様、限られた費用をどこに優先して割くかといった議論も、利己的な主張や経済的事由、安易な平等主義に左右されず、共有された目標に向かって創造的に進む。

▶C6-1

▶C6-2

●例を挙げよう。オランダ・ルームビークのソーシャルセンターでは、当初、各市民団体の活動室、店舗などの配置について、こぞって敷地南側の道路に面した1階の立地が望まれ

建築におけるユーザー参加とデザイン●鄭 弼溶（チョン・ピリョン）

▶C6-3

頭と手をつかうコミュニケーション
●上記のような議論を参加者と行ううえでは、図面のみのやり取りでは、ユーザーにとっては専門的に過ぎたり、あるいは家具の大きさなどといった議論のポイント以外に目移りしたりして、議論に関わる空間の理解を困難にすることがある。有効なのは、実物が想像しやすい縮尺の大きい模型を加工しやすい材（粘土や紙、木の棒など）で参加者といっしょにつくり、「手と頭」で空間の理解を助ける方法である。ただし、設計意図は、抽象的で簡単なスケッチを用いたほうが伝わりやすい。もっとも大事なのは、このような方法を用いて、みんなで楽しみながら真剣に話し合える雰囲気の中で作業することや、豊かなアイデアを膨らませることである。

設計者に求められる能力
●以上より、建築設計をユーザー参加で進めるうえで設計者に求められる能力は、単に話を聞いて集めた様々な意見を俯瞰しやすいように整理することではない。なぜそのような意見が出てきたのかという背景や運営の仕組みを理解するための、保育、教育、福祉、芸術といった施設ごとの専門知識、そして多様な要望をかなえる空間的秩序を提案する技術的知識と設計能力が共に求められている。

▶C6-4

た。しかし、設計者が、まちへ近い南西角にこの施設の中心となる大きなエントランスホールを提案することで、逆にこちらのホールに面した方に人気が集まり、他施設との連携もしやすいと立地を変更した団体もあり、結果的にそれぞれが満足する立地を手にした。

●また、大教大付属中高クラブハウスでは、学生らとの作業から、既存の大きな木を囲む施設配置として、すべての部室から木を眺められるというコンセプトが生まれた。しかし、木と校舎側グラウンドの間に位置する数室は、部室への学生の出入りが校舎側から見えないことが教職員から問題視された。そこで、校舎側からは死角となるこの数室は一室空間である共有部室とし、出入口を校舎から見える廊下側へ設け、将来クラブ数が減った時には、合宿室やイベントスペースとして利用するアイデアが生まれた。

▶C6-5

▶C6-6

▶C6-7

建築におけるユーザー参加とデザイン●鄭 弼溶（チョン・ピリョン）

COLUMN…6

▶C6-1〜4──ルームビークの
ソーシャルセンター
（設計＝plus+bauplanung GmbH）
▶C6-5〜7──大教大付属中高クラブハウスの
設計ワークショップ
（設計＝いるか設計集団）

7 建築デザインのこれから

　建築デザインはどこからでもはじめることができる。その「どこ」からを4つの領域(条件)、即ち敷地、プログラム、モノ、エネルギーから描き出してみた。どこからはじめてもかまわないが、最終的な建築デザインはそれらの総合として現れる。そのデザインは、仮に意識的には検討しなかった領域に関しても何らかの対応(応答)として現れるところが実践の厳しさである。ゆえに設計者であるわたしたちは、できるだけ多くの領域に対して考えを巡らし、それらに誠実に向き合うことが、倫理的態度であろう。そして、これらのどの領域においても「他者との協働」が重要である点も示した。

　ところで本章では、建築の「歴史」と「建築が独自に持つ形式(幾何学・様式などの自律性)」についての記述が欠けている。これらはさしあたりCONTEXTの領域に位置づけられるが、表現に関わる意味論として、より広がりのある地層である。設計されたものは、設計者の意図を離れて何らかの意味を伴っている。それらを本書の他章や哲学・社会科学などの幅広い領域も参照しつつ、自らに問うていかねばならない。要は建築に対する「設計者自身の理念・思想」を鍛える必要があるというわけだ。

　従来の建築デザイン論は、むしろこうした歴史意匠あるいは建築意匠学を中心に語られてきた。しかし建築デザイン(という営為)をそうした分野に限定すると思わぬ誤解が生じる。例えば「この建築は、デザインはいいけれど機能的ではない」という意見がある。これは語義矛盾である。デザインはカタチではない。機能的でないデザインは失敗であるといわねばならない。しかし、デザインはカタチである。とすかさず言い直す必要もある。結局のところ建築デザインはカタチを提出するのであるから。

　建築は未来(＝長い時間)に向けてつくられる。「新し

い何か」を想定してデザインされたカタチは、惰性の中で生活するわたしたちが瞬時に受け入れられないこともある。時間の中で次第に受け入れられ、ある時点で爆発的に広まる価値がある。つまりすでに明確な価値を社会的に実装（現実化）することだけがデザインではなく、「これから」を見据えた洞察（ヴィジョン）が重要となる。

　ヴィジョンとカタチを方法論としてつなげようと真摯に思考した菊竹清訓の著作が『代謝建築論　か・かた・かたち』である。菊竹は「空間と機能はもともと表裏の関係であり、究極は同じものに帰一するものである。〈かた〉はそれらののっぴきならぬ結合関係を問題にするという点でシステムである」★38という。ここで〈かた〉とは、意匠論でいう形式・様式とは別の相互作用的・動的なシステムと理解すべきである。「東光園ホテル」（→⑥⓪）は、その地の文化・伝統（CONTEXT）、ホテル（PROGRAM）、目に見えるもの（TECTONIC）、目に見えないもの（ENERGY）の秩序化・総合化として、当時の技術・社会の中で最大限の跳躍を試みた作品といえる。

★38—菊竹清訓『代謝建築論 か・かた・かたち』1969、p. 25（復刻版2008）

⑥⓪—東光園ホテル（設計＝菊竹清訓、1964）

　「コンセプト」という言葉がある。設計コンセプトは何かと問われることもある。暗に設計者の主体性を問われているのである。しかし例えば、ルシアン・クロールは建築家のコンセプト第一主義を敵対心露わに非難する。設計者の個人的概念は、それを貫こうと考える限りにおいて、設計プロセス（デザイン展開）の邪魔者（自己表現）でしかないという意味だ。とはいえルーバン・カトリック大学学生寮の山（家）形の大きなシルエットはクロール自身の決定である。そのトップダウン的な枠組みが、その下にボトムアップ的な多様な表情を誘導している。このような表現を生み出す「仕組み＝システム」こそが、クロールのコンセプトといえるだろう。つまり、「設計者自身の建築に対する理念・思想」の表れであり、菊竹のいう〈か〉＝ヴィジョンである。このように、「コ

［第7章］……「総合」としての建築デザイン

219

★39—ティム・インゴルド
（Tim Ingold　1948−）
イギリスの社会人類学者。
アバディーン大学教授。
著書「メイキング」の他
「ラインズ　線の文化史」により
建築について思索し注目される。

★40—ティム・インゴルド
『メイキング　人類学・考古学・
芸術・建築』左右社、2017. P. 34

★41—直感について
ここでいう直感とは、感覚的な
判断や勘といったものではなく、
経験と知識と前提条件が
無意識的になるほど集中した状態で
身体的主体的に判断することと
私は解釈する。その意味では、
「直観」というべきかもしれない。

★42—Hanno Rauterberg
『現代建築家20人が語る
いま、建築にできること』
（水上優訳）
丸善、2010. P. 47

建築のリテラシー

【図版出典】
⑮, ㊽—小川重雄
㉘, ㉙, ㊶—浅川敏
⑪, ⑫—宮本佳明建築設計事務所
㊺, ㊾—オンデザイン
㉗—環境デザイン研究所
⑤, ⑦—© google earth
⑰, ⑱, ㊻—フリーライセンス画像
◆特記のないものは筆者撮影

ンセプト」は総合としての建築デザインを展開するための触媒のような働きをする。建築デザインを「不適合の除去あるいは問題の解決」と定義する限り、問題は常に湧き出てくる。逆に、問題を「発見すること」（＝ヴィジョン）もデザインの役割であるとすれば、それは終わりのない探求ということになる。こうした事情を人類学者のティム・インゴルド★39は次のように表現する。
——それは「建築という探求」である。そこに含まれるのは、外形の生成、力と流動のエネルギー、物質の特質、表面の模様や質感、量感、活動状態や静止状態におけるダイナミクス、線や場をつくる原動力などに関する問いである★40。

　というわけで、建築デザインという回答は常に、暫定的決定というべきかもしれない。しかし、その都度の回答であると同時に「問い」として現れるならば、社会を動かす原動力ともなるだろう。多くの協働者・参加者を巻き込み、その中に巻き込まれもするこれからの建築家は、そこでの対話を通して自らのコンセプトを再構築し自己を更新できる広範な知識を携えたより良いコミュニケーターであらねばならない。その一方で建築家には、本章で述べてきた様々な領域の事柄を重層的に問い、ひとつの回答を探っていく主体的姿勢もまた必要なのである。そのことをゲーリーはこのように表現している。

「多くは独自のやりかたを行使することに
臆病で、それゆえおそらく、金銭問題、
締め切り、技術的な事柄といった
合理的なものの背後に、隠れるのです。
……あなたは自ら決断し、あなたの直感★41を信じ、
前進しなくてはならないのです。」★42

参考文献

【第1章】

◆太田博太郎『日本建築史序説 増補第3版』彰国社、2009年　◆藤岡通夫・渡辺保忠・桐敷真次郎・平井聖・河東義之・齊藤哲也『建築史 増補改訂版』市ヶ谷出版社、2010年　◆後藤治『日本建築史（建築学の基礎；6）』共立出版、2003年　◆平井聖『図説日本住宅の歴史』学芸出版社、1980年　◆平井聖『日本住宅の歴史』日本放送出版協会、1974年　◆藤原恵洋「「制限図様式」について 日本近代建築における和風の様式化に関する研究（1）」（『日本建築学会学術講梗概集』、1987年）　◆青木祐介「制限図の作成過程とその成立時期について」（『日本建築学会計画系論文集』第546号、2001年）　◆内田青蔵『日本の近代住宅』鹿島出版会、1992年　◆内田青蔵・大川三雄・藤谷陽悦『図説・近代日本住宅史 新版』鹿島出版会、2008年　◆西和夫『図解古建築入門：日本建築はどう造られているか』彰国社、1990年　◆日本建築学会編『近代日本建築学発達史』丸善、1972年　◆大河直躬・三舩康道編著『歴史的遺産の保存・活用とまちづくり 改訂版』学芸出版社、2006年　◆鈴木博之『現代の建築保存論』王国社、2001年　◆鈴木博之『保存原論：日本の伝統建築を守る』市ヶ谷出版社、2013年　◆足立裕司・内田青蔵・大川三雄・初田亨・藤谷陽悦『再生名建築：時を超えるデザイン1』鹿島出版会、2009年

【第2章】（前半）

◆藤岡通夫・渡辺保忠・桐敷真次郎・平井聖・河東義之・齊藤哲也『建築史 増補改訂版』市ヶ谷出版社、2010年◆佐藤達生『図説西洋建築の歴史：美と空間の系譜 増補新装版』河出書房新社、2014年◆森田慶一 訳註『ウィトルーウィウス建築書』東海大学出版会、1979年　◆ジャコモ・バロッツィ・ダ・ヴィニョーラ著、長尾重武編『建築の五つのオーダー』中央公論美術出版、1984年　◆桐敷真次郎 編著『パラーディオ「建築四書」注解』中央公論美術出版、1986年　◆マルク＝アントワーヌ・ロージェ『建築試論』（三宅理一訳）中央公論美術出版、1986年

【第4章】

❖難波和彦『建築の四層構造 サステイナブルデザインをめぐる思考』LIXL出版、2009年　❖難波和彦『戦後モダニズム建築の極北 池辺陽試論』彰国社、1999年　❖マイケル・ポランニー『暗黙知の次元』（佐藤敬三訳）、紀伊國屋書店、1980年　❖ティム・インゴルド『メイキング 人類学・考古学・芸術・建築』左右社、2018年　❖『磯崎新建築論集』（全8巻）岩波書店、2013−15年　❖クリストファー・アレグザンダー『生命の現象』（中埜博訳）鹿島出版会、2013年　❖グレゴリー・ベイトソン『精神と自然』（佐藤良明訳）新思索社、1990年　❖上野淳『学校建築ルネサンス』鹿島出版会、2008年　❖ハーバート・サイモン『システムの科学』（稲葉元吉・吉原英樹訳）パーソナルメディア、1999年　❖アルバート・ラズロ・バラバシ『新ネットワーク思考 世界のしくみを読み解く』（青木薫訳）NHK出版、2002年　❖増田直紀・今野紀雄著『複雑ネットワークとは何か』講談社、2006年　❖エイドリアン・フォーティー『言葉と建築』（坂牛卓・邉見浩久訳）鹿島出版会、2005年　❖レイナー・バンハム『第一機械時代の理論とデザイン』（堀江悟郎訳）鹿島出版会、1976年　❖池辺陽著『デザインの鍵 人間・建築・方法』丸善、1979年　❖吉阪隆正『生活とかたち』旺文社、1972年

【第5章】

◆山本学治『現代建築と技術』彰国社、1971年　◆斎藤公男『空間 構造 物語』彰国社、2003年　◆川口衞・阿部優・

松谷宥彦・川崎一雄『建築絵本　建築構造のしくみ　第二版』彰国社、2014年　◆小澤雄樹『20世紀を築いた構造家達』

オーム社、2014年　◆クリス・ウィルキンソン『スーパーシェッズ　大空間のデザインと構法』(難波和彦・佐々木睦朗監訳)

鹿島出版会、1995年　◆「モダンストラクチャーの冒険」(『建築文化』1997年1月号)　◆「建築の構造デザイン」(『建築文化』

1990年11月号)　◆『建築技術』2007.06　◆坪井善昭・川口衞・佐々木睦朗・大崎純・植木隆司『力学・素材・構造デザイン』

◆建築技術、2012年　◆オーガスト・E・コマンダント『ルイス・カーンとの18年』(小川英明訳)明現社、1986年　◆坪井善昭・

田中義吉・東武史共同編集『建築ノート2　空間と構造フォルム　力学的しくみから応用まで』建築知識別冊第2集、1980年

【第7章】........

◆レイナー・バンハム『第一機械時代の理論とデザイン』(石原達二・増成隆士訳)鹿島出版会, 1976年　◆レイナー・バンハム

『環境としての建築 建築デザインと環境技術』(堀江悟郎訳)鹿島出版会(SD選書)、2013年　◆香山壽夫『建築意匠講義』

東京大学出版、1996年　◆仙田満『環境デザイン講義』彰国社、2006年　◆仙田満『こどものあそび環境』鹿島出版会、

2009年　◆仙田満『環境デザインの方法』彰国社、1998年　◆菊竹清訓『復刻版　代謝建築論―か・かた・かたち』彰国社、

2008年　◆平尾和洋・末包伸吾『テキスト建築意匠』学芸出版社、2006年　◆ケネス・フランプトン『現代建築史』

(中村敏男訳)青土社、2003年　◆ケネス・フランプトン『テクトニック カルチャー―19・20世紀建築の構法の詩学』

TOTO出版、2002年　◆レオナルド・ベネヴォロ『近代建築の歴史』(武藤章訳)鹿島出版、2004年　◆アルド・ロッシ

『都市の建築』(大島哲蔵・福田晴虔共訳)大龍堂書店、1991年　◆『現代建築家20人が語る　いま、建築にできること』

(水上優訳)丸善出版、2010年　◆ルイス・カーン『ルイス・カーン建築論集』(前田忠直編訳)鹿島出版会、1992年

◆コーリン・ロウ、フレッド・コッター『コラージュ・シティ』(渡辺真理訳)鹿島出版会、2009年　◆アリソン&ピーター・

スミッソン『スミッソンの建築論』(岡野真訳)彰国社、1979年　◆八束はじめ編『建築の文脈・都市の文脈～現代をうごかす

新たな潮流～』彰国社、1979年　◆大江健三郎・中村雄二郎・山口昌男編集代表『叢書 文化の現在〈8〉交換と媒介』

岩波書店、1981年　◆原広司『空間―機能から様相へ』(岩波現代文庫)岩波書店、2007年◆クリストファー・

アレグザンダー他『パタン・ランゲージ』鹿島出版会、1984年　◆クリストファー・アレグザンダー『形の合成に関するノート／

都市はツリーではない』(SD選書)鹿島出版会、2013年　◆エイドリアン・フォーティー『言葉と建築』(坂牛卓・辺見浩久訳)

鹿島出版会、2005年　◆坂牛卓『建築の規則』ナカニシヤ出版、2008年　◆坂牛卓『建築の条件』LIXIL出版、2017年

◆ピーター・ブランデル・ジョーンズ『モダニズム建築―その多様な冒険と創造』(中村敏男訳)建築思潮研究所、2006

◆ティム・インゴルド『ラインズ　線の文化史』(工藤晋訳)左右社、2014年　◆ティム・インゴルド『メイキング　人類学・

考古学・芸術・建築』(金子遊・水野友美子訳)左右社、2017年　◆ルシアン・クロール『参加と複合　建築の未来とその

構成要素』(重村力訳)住まいの図書館出版局、1990年　◆「特集:ルシアン・クロール」(『SD』1988年5月号、鹿島出版会)

◆ペーター・ヒューブナー『こどもたちが学校をつくる―ドイツ発・未来の学校』(木下勇訳)鹿島出版会、2008年　◆Vincent

Ligtelijin/ editor "Aldo van Eyck Writings" sun Publishers, 2008　◆ヘルマン・ヘルツベルハー『都市と建築のパブリック

スペース　ヘルツベルハーの建築講義録』(森島清太訳)鹿島出版会、1995年(新装版2011年)

人名索引

太字数字の箇所には注釈があります

【あ】

アールト、アルヴァ──59

アイク、アルド・ファン──195, 196

青木淳──105

東孝光──83

アラップ、オーブ──131, 155

アルベルティ、
レオン・バッティスタ──53, 63

アレグザンダー、クリストファー──112,
114, 173, 183

安藤忠雄──35, 59, 83, 105

アンネビック、フランソワ──150

池辺陽──118, 120, 127

イスラー、ハインツ──132, 155

磯崎新──104, 105, 159, 172

伊東豊雄──111, 130, 158

岩元禄──14

インゴルド、ティム──220

ヴィオレ・ル・デューク──108, 109, 139

ウィトルウィウス──48, 63

ヴィニョーラ、
ジャコモ・バロッツィ・ダ──49

植田実──173

ヴェンチューリ、
ロバート──101, 184, 185

エッフェル、
アレクサンドル・ギュスターフ──164

大高正人──172

岡倉天心──100

【か】

岡田信一郎──13, 14

オットー、フライ──132, 147

カーン、ルイス──56, 160, 176, 177, 180, 181,
197, 198, 202, 203

貝島桃代──174

ガウディ、アントニオ──139, 155, 159

川口衞──133, 159

菊竹清訓──156, 157, 172, 199, 219

ギブソン、ジェームズ──67, 69, 70

木村俊彦──152, 156, 158

キャンデラ、
フェリックス──132, 154, 155, 156

クラーク、ミケーレ・デ──196

クロール、ルシアン──212, 213, 214, 219

黒川紀章──172

グロピウス、ヴァルター──14

ゲーリー、
フランク・O──55, 130, 158, 178, 191, 220

ケストラー、アーサー──112

小泉雅生──110

コールハース、レム──109, 185

小嶋一浩──70, 111

コマンダント、オーガスト──160

今和次郎──174

コンドル、ジョサイア──13, 26, 38

【さ】

SANAA──106

斎藤公男──129, 133

佐々木睦朗──130, 158

佐野利器——27

ジェイコブス、ジェイン——172, 183

シュペーア、アルベルト——212

ジョンソン、フィリップ——14, 15

シンケル、カール・フリードリッヒ——202

スターリング、
　　　　　ジェームズ——175, 176, 177, 189, 190

妹島和世——106

セルリオ、セバスティアーノ——48

仙田満——198

ゼンパー、ゴットフリート——98, 104

【た】

ダ・ヴィンチ、レオナルド——53, 61, 66

多木浩二——124

辰野金吾——13, 14

田根剛——192

丹下健三——130, 170, 171, 172, 173

塚本由晴——174

坪井善勝——130, 133, 156, 157

デュシャン、マルセル——101

トロハ、エドアルド——131, 151, 152, 153

【な】

内藤多仲——27

難波和彦——100, 124

西澤立衛——106

西田司——215

ヌーベル、ジャン——59, 178

ネルヴィ、ピエール・ルイジ——131, 152, 153

【は】

パクストン、ジョセフ——142, 143, 162

パッラーディオ、
　　　　アンドレア・パッラーディオ——49

ハディット、ザハ——55, 158, 159, 178

ハブラーケン、ニコラス・ジョン——90, 214

原広司——168, 194

ハワード、エベネザー——74, 76, 165

バンハム、レイナー——206

ピアノ、レンゾ——103, 107, 148, 149, 180

ヒューブナー、ペーター——213, 214

ピラネージ、
　　　　ジョバンニ・バッティスタ——62

フォーティー、エイドリアン——119

フォスター、
　　　　ノーマン——148, 149, 180, 181, 182

藤森照信——174

フラー、バックミンスター——131, 146, 148, 181

ブラウン、デニス・スコット——184

ブラマンテ、ドナト——40, 42, 53, 54

フランプトン、ケネス——200

ブルネル、イザムバード・キングダム
　　　　　　　　　　　　——142, 143

ブルネレスキー、フィリッポ——40, 42, 137

ブレー、エティエンヌ・ルイ——63

ベーレンス、ペーター——144, 145

ペリー、クラレンス・アーサー——76

ヘルツォーク・アンド・ドゥ・ムロン——178

ヘルツベルハー、ヘルマン——196, 197

ベルニーニ、ジャン・ロレンツォ——41, 43

ペレ、オーギュスト——151

ホール、スティーブン——59

ボッロミーニ、フランチェスコ——41, 43
ホライン、ハンス——190, 191
ボレス＆ウィルソン——190, 191

【ま】

マイヤール、ロベルト——131, 151
前川國男——14, 15, 156
槇文彦——87
松井源吾——156, 157
ミース・ファン・デル・ローエ——55, 108, 109,
　145, 146, 149, 166, 167, 168, 175, 199, 201, 202
ミケランジェロ、
　　　　　ブオナローティ——41, 43, 54, 55, 104
宮本佳明——192
メストレ、
　　　　ジョセップ・フォントセレ・イ——201
メンゴーニ、ジュゼッペ——144
本野精吾——14

【や】

ヤマサキ、ミノル——183
山本学治——131, 156
山本理顕——84
吉阪隆正——120, 126, 127

【ら】

ライス、ピーター——148, 149
ライト、
　　　　フランク・ロイド——72, 108, 167, 181
ラブルースト、アンリ——144
リベスキンド、ダニエル——178
リンチ、ケヴィン——75, 86

ル・コルビュジエ——55, 63, 67, 73, 106, 108,
　　　　165, 166, 167, 168, 175, 183
ルドゥー、クロード・ニコラ——63
ロウ、コーリン——184, 185
ロージェ、マルク＝アントワーヌ——49
ロース、アドルフ——109, 167
ロジャース、
　　　　リチャード——148, 177, 180, 181

あとがきに代えて

　本書は「意匠系教員で本をつくってみませんか」という遠藤政樹さんの言葉から始まった。千葉工業大学建築学科意匠系の教員6名のうち5名は、教育・研究と並行して建築家・構造家としての実践的活動を行っている。また、わたしたちの学科では設計製図を主軸として各講義が有機的に紐付けられた教育プログラムを組み、講義は実践知としての性格が強められている。それゆえ各教員は既成の教科書を使い回すことなく、設計製図の課題と連動した講義を毎年工夫して行っている。そのような講義が縦覧できる書物になれば、興味深いものになるのではないか、という目論見があった。

　ところが原稿にはなかなかまとまらない。15講で展開している講義を1章30頁にまとめるのは容易ではなかった。自ずと梗概的なものにならざるを得ない。それゆえ、大胆に組み替えて新たな項目立てがされた章や一部に焦点を当てその他を削除した章もあると聞く。例えば私が担当した第7章では、サーフェイス、ファニチャー、ランドスケープ・アーキテクチュアといった項目は触れることができなかっ

た。しかしこのことが、散漫だった講義構成をスリム化して芯を通す機会になった。全体を通読してみても、各章に個性があって講義の空気が想像できる、従来の教科書的な書物にはない読み物になったのではないか。

　実際の講義科目名は第1章から順に「日本建築史」「西洋建築史」「建築計画1」「建築計画2」「構造デザイン論」「現代建築論」「建築デザイン論」である。それぞれの科目名から受ける堅苦しい枠を自由に飛び越えて、各章で濃密な知が展開されているとすれば、本書の意図は達成されていることになるのだが……。その意味で、広く建築学生に読んでもらいたいだけでなく、すでに設計実務を行なっている若い方々からも読後感想をいただきたい。

　そして本書の完成には、彰国社の鈴木洋美さんからの的確なアドバイスが欠かせませんでした。記して感謝します。

………………**石原健也**

著者プロフィール

遠藤政樹（えんどう・まさき）
千葉工業大学創造学部建築学科教授、
EDH遠藤設計室主宰
1963年 東京都生まれ。
1989年 東京理科大学大学院建築学専攻修了、一級建築士
界工作者＋難波和彦を経て現職。　著者＝『ナチュラル
エリップス』バナナブックス、『住宅の空間原論』(共著)
彰国社、『ブータン伝統住居Ⅰ・Ⅱ・Ⅲ・Ⅳ』(共著)ADP出版
作品＝「ナチュラルシェルター」(吉岡賞)、
「ナチュラルエリップス」(JIA新人賞)、
「ナチュラルスティックⅡ」(グッドデザイン賞)など
★執筆担当…第4章

石原健也（いしはら・けんや）
千葉工業大学創造工学部建築学科教授、
デネフェス計画研究所主宰
1959年 山梨県生まれ。1983年 九州芸術工科大学
(現九州大学)大学院修士課程修了、一級建築士
仙田満＋環境デザイン研究所勤務を経て現職。
作品＝「DNP箱根研修センター」(AACA芦原義信賞)、
「守山市立守山中学校」(公開コンペ最優秀賞)、
「大分県立芸術文化短期大学キャンパス再整備計画」
(公募プロポーザル最優秀賞)など
★執筆担当…第7章

今村創平（いまむら・そうへい）
千葉工業大学創造工学部建築学科教授、
アトリエ・イマムを主宰
1966年 東京都生まれ。
1989年 早稲田大学建築学科卒業、一級建築士
長谷川逸子・建築計画工房を経て現職。
著書＝『現代都市理論講義』(オーム社)ほか
建築作品＝「オーストラ大使館 バイクシェッド」ほか
★執筆担当…第2章(後半)、第6章

田島則行（たじま・のりゆき）
千葉工業大学創造工学部建築学科助教、
テレデザイン一級建築士事務所主宰
1964年 東京都生まれ。
1993年 AAスクール大学院修了、一級建築士
著書＝『建築／都市―フィールドワークメソッド』(共著)
INAX出版、『リノベーション図鑑』(共著)エクスナレッジ社など
作品＝「Esq広尾」、「Sliding House」、「C-Ma3」
など
JCDデザイン優秀賞受賞、グッドデザイン賞受賞、建築
家協会優秀作品選、都市住宅学会・学会賞著作賞など
★執筆担当…第3章

多田脩二（ただ・しゅうじ）
千葉工業大学創造工学部建築学科准教授、
多田脩二構造設計事務所主宰
1969年 愛媛県生まれ。
1995年 日本大学大学院理工学研究科建築学専攻博士
前期課程修了、一級建築士
佐々木睦朗構造計画研究所を経て現職。
著書＝『構造デザインのあゆみ』(共著)建築技術、
『木造住宅ラクラク構造計算マニュアル』(共著)
エクスナレッジムック、『構造ディテール図集』(共著)
オーム社
構造設計に関わるもの＝「中国木材名古屋事務所」で、
松井源吾賞(2005)、日本建築構造技術者協会
JSCA賞(2005)を受賞
★執筆担当…第5章

藤木竜也（ふじき・たつや）
千葉工業大学創造工学部建築学科准教授、博士(工学)
1980年 千葉県生まれ。2008年 千葉工業大学大学院
工学研究科工学専攻博士後期課程修了
米子工業高等学校建築学科助教を経て、現職。
主な論文＝「明治初期の外務卿官舎と太政大臣官舎に
ついて」(日本建築学会奨励賞)　歴史的建造物の保存に
関わってきたもの＝米子市公会堂、
旧倉吉市立明倫小学校円形校舎など
★執筆担当＝第1章、第2章(前半)

◉

佐藤淳（さとう・じゅん）
東京大学大学院新領域創成科学研究科准教授、
佐藤淳構造設計事務所顧問
専門分野＝構造デザイン
★執筆担当＝COLUMN 4

荻原廣高（おぎはら・ひろたか）
アラップ・シニア環境設備エンジニア、
大阪工業大学客員教授、東京藝術大学非常勤講師
専門分野＝環境設備設計
★執筆担当＝COLUMN 5

鄭弼溶（チョン・ピリョン）
いるか設計集団
早稲田大学人間総合研究センター　招聘研究員、
工学博士(Dr. Eng.)
専門分野＝建築設計
★執筆担当＝COLUMN 6

建築のリテラシー　建築設計をめぐる 7 つの講義

2018 年 7 月 10 日　第 1 版 発 行

著　者	遠 藤 政 樹 ・ 石 原 健 也 今 村 創 平 ・ 田 島 則 行 多 田 脩 二 ・ 藤 木 竜 也
発行者	下　出　雅　徳
発行所	株式会社 彰 国 社

著作権者と
の協定によ
り検印省略

自然科学書協会会員
工学書協会会員

Printed in Japan

Ⓒ 遠藤政樹（代表）2018 年

162-0067 東京都新宿区富久町 8-21
電話　03-3359-3231（大代表）
振替口座　00160-2-173401

印刷：三美印刷　製本：誠幸堂

ISBN 978-4-395-32112-4　C3052　http://www.shokokusha.co.jp

本書の内容の一部あるいは全部を、無断で複写（コピー）、複製、および磁気または光記録
媒体等への入力を禁止します。許諾については小社あてにご照会ください。